索罗斯32个投机信条

孙恩棣◎著

中国宇航出版社
·北京·

图书在版编目(CIP)数据

索罗斯32个投机信条 / 孙恩棣著. --北京:中国宇航出版社, 2015. 1

ISBN 978 -7 -5159 -0882 -3

Ⅰ. ①索… Ⅱ. ①孙… Ⅲ. ①索罗斯,G. —投资 —经验 Ⅳ. ①F837. 124. 8

中国版本图书馆CIP数据核字(2014)第308192号

责任编辑 卢珊　　**装帧设计** 时浩

出版 发行	**中国宇航出版社**		
社址	北京市阜成路8号 (010)68768548	**邮编**	100830
网址	www. caphbook. com		
经销	新华书店		
发行部	(010)68371900 (010)68768541		(010)88530478(传真) (010)68767294(传真)
零售店	读者服务部 (010)68371105		北京宇航文苑 (010)62529336
承印	三河市君旺印务有限公司		
版次	2015年1月第1版		2015年1月第1次印刷
规格	787 x 960	**开本**	1/16
印张	12. 25	**字数**	190千字
书号	ISBN 978-7-5159-0882-3		
定价	28. 00元		

本书如有印装质量问题,可与发行部联系调换

盛世巴菲特，乱世索罗斯（代序）

国际金融界流传着这样一句话：盛世巴菲特，乱世索罗斯。

全球经济每隔几年，总会遭逢“飘零乱世”的金融危机。每当金融危机降临，世人都会对索罗斯这位金融杀手特别关注。因为即使从银河系来看地球，索罗斯也是黑夜里闪闪发光的金融投机标杆——没有之一。

权力欲

在有些书中，说索罗斯是一位远离权力的人。这并不符合事实。

事实上，索罗斯是一位权力欲超强的人。这是了解索罗斯的一个关键。

从某种程度上讲，世界是被金权控制的。那些掌握金权的人，几乎都是犹太人。索罗斯就是一位犹太人。

犹太人失去家国 2000 年，他们从历史的夹缝中艰难走来，在夹缝中求生，也靠夹缝图利。在长期的迫害中，他们发展出一套独特的生存哲学。

犹太人将自己的生存哲学发挥到极致，逐渐成为这个星球上最有权势的族群。比如在美国，时尚界、律师界、娱乐界以及金融界，大都由犹太人掌控。

索罗斯对权力非常狂热，他的哥哥保罗曾揶揄他：“直到他第一次赚了 100 万美元，还是个完全正常的人。”

《乔治·索罗斯的汤》一书作者理查德声称，索罗斯运用他的慈善活动，以获取全球影响力。

可见，索罗斯既是金融市场呼风唤雨的枭雄和天才，也是一位有超强权力欲的思想家、哲学家和行动家。

圣徒还是魔鬼

在一些描述中，索罗斯犹如圣徒化身。他淡泊名利，乐善好施，醉心于哲学……这难免有神化之嫌。

在另一些描述中，索罗斯简直就是魔鬼。他贪婪，冷酷，嗜血，是一位抢钱不眨眼的超级剥削者和阴谋家。这又有妖魔化的嫌疑。

尽管世人皆知其名，却如同雾里看花，扑朔迷离。

索罗斯是一个金融市场上所向披靡的“狙击杀手”，但也是一位获得过“代顿和平奖”的慈善家。然而质疑者指出，“即便索罗斯用他肮脏的美元来做慈善，也赎不回他贪婪的灵魂。”

并非所有被索罗斯洗劫过的国家都对他抱有恶感。比如，大部分英国公民就把狙击英镑的索罗斯视为从“愚蠢的政府”那里赚钱的“民间英雄”。

索罗斯与罗斯柴尔德家族

罗斯柴尔德家族是欧洲乃至世界久负盛名的金融家族，发迹于19世纪初。

据估计，在1850年左右，罗斯柴尔德家族已经积累了相当于60亿美元的财富。他们用这笔钱建立了当时世界上最大的金融王国。

在罗斯柴尔德家族鼎盛时期，欧洲大部分国家的政府都曾向该家族贷过款。到了20世纪初，全球主要黄金市场也是由该家族所控制。从19世纪初到20世纪初的百年时间里，罗斯柴尔德几乎成了金钱与财富的代名词。

索罗斯旗下经营有五个对冲基金，其中最为出名的是量子基金。然而，也正是量子基金让索罗斯饱受质疑。

量子基金注册地在加勒比海的荷兰属地安地列斯群岛，那里是世界知名的避税天堂，同时也是国际上最重要的贩毒洗钱中心。量子基金之所以选择在这里注册，为的就是隐匿该基金的主要投资者和资金调度踪迹。

在媒体披露的量子基金董事会成员名单中，有多位成员与罗斯柴尔德家族关系紧密。因此有学者质疑索罗斯与犹太财团罗斯柴尔德家族有亲密的关系。

低调、隐秘是罗斯柴尔德家族的行事风格，同样也是索罗斯的投资作风。或许正是两者之间的此种共同之处，使外界将他们联系在了一起。

一个“失败的哲学家”

索罗斯用“哲学”阐释自己的投资行为，或许有自我“贴金”的成分，但事实上索罗斯确实受过系统而严谨的哲学教育。

索罗斯毕业于伦敦政治经济学院哲学专业，师从著名哲学家波普尔。

索罗斯的哲学思想承袭波普尔，并且从中发展出自己独特的思想体系。

事实上，索罗斯的思想体系就是在金融市场中对波普尔哲学的应用与诠释。只是在具体实践当中，他部分地修正了波普尔的思想。索罗斯哲学是波普尔哲学的进一步延伸与发展。也正因为如此，索罗斯称自己是一个“失败的哲学家”，因为他没能够在思想和观念的创新上超越波普尔。

在大部分描述索罗斯的著作中，他的哲学思想都是不容回避的组成部分。这也是这本书所要探讨的。惟有透彻了解索罗斯的哲学思想，才能更深刻地领会其投机信条。

开卷有益，愿读者朋友们通过阅读本书，在知识与财富上实现双丰收！

作者

2015 年 1 月

目录 Contents

信条1:生于贫穷,但绝不能死于贫穷 / 1

信条2:我不是阴谋家,但我会利用别人的阴谋 / 7

信条3:我不是冷血动物,我是冷血投资动物 / 12

信条4:在游泳中学习游泳 / 17

信条5:在商言商,无关感情 / 24

信条6:“搞搞震”,才有话语权 / 28

信条7:用金钱来撬动地球 / 40

信条8:矛盾共生,双向操作 / 45

信条9:市场不一定是对的,机会总是有的 / 49

信条10:是闲人,非等闲人 / 54

信条11:绅士,就是有耐心的狼 / 59

信条12:虚实相生,激荡反射 / 65

信条13:荣枯相生,趋势共振 / 70

信条14:全景视野,局部猎杀 / 75

信条15:价值重估,吹沙见金 / 80

信条16:着迷于混乱,越乱越赚钱 / 88

信条17:相信运气,不如相信自己的研判 / 92

信条18:选基金就是选人 / 97

信条19:借力杠杆,保持警惕 / 105

信条20:于险中求财,在刀口舔血 / 111

信条21:如果无事可做,那就什么都别做 / 118

信条22:断臂求生,“剩”者为王 / 124

信条23:多元结构,分散风险 / 131

信条24:只狙击有把握的目标 / 140

信条25:下注不猛,只能收获平庸 / 144

信条26:永远坚信自己的交易系统 / 151

信条27:建立自己的情报网 / 156

信条28:逆众而行,成功属于少数人 / 160

信条29:第六感、想像力都是投资工具 / 166

信条30:投资有人脉,功夫在“诗”外 / 172

信条31:守口要如瓶,八风吹不动 / 177

信条32:且行且修正,无招胜有招 / 181

附录:索罗斯大事年表 / 186

信条1：生于贫穷，但绝不能死于贫穷

我生来一贫如洗，但决不能死时依旧穷困潦倒。

——乔治·索罗斯

有很多钱的人，能够投机；有很少钱的人，不可以投机；根本没有钱的人，必须投机。

——安德列·科斯托拉尼

无论索罗斯多么努力证明自己与众不同，在童年伙伴的记忆中，他仍然是个普普通通的孩子。他可以自视为圣人，但他的小伙伴们并不觉得他有特殊天赋。很多事实也证明，索罗斯并不是什么天才，他只不过是有些小聪明，且做事更具有主动性而已。

投机之王的曲折童年

1930年，乔治·索罗斯出生在匈牙利布达佩斯的一个中上等犹太人家庭。他的匈牙利名字音译为吉奇·索拉什，后被英语化为乔治·索罗斯。

索罗斯的父亲是一名律师，父亲严谨精明的处事方式，对索罗斯的成长产生了极其深远的影响。他不仅教会索罗斯要自尊自重，坚强自信，还向索罗斯灌输了“财富太多反而对人是一种负担”的观点。

索罗斯发迹之后，致力于将财富转化为影响力，很大程度上与家庭影响有关。

少年时，索罗斯总是尽力展示他与众不同的才华。他个性突出，坚强刚毅，在运动方面比较擅长，常常是各种游戏和运动的常胜将军，尤其是游泳和网球。可以说，在父母的悉心关爱下，索罗斯的童年过得非常幸福。

然而好景不长，随着 1944 年纳粹对布达佩斯的侵略，索罗斯的幸福童年宣告终结，举家开始了逃亡生涯。

那是一段充满危险和痛苦的时期。全家人仅凭着父亲的精明和坚强，依靠假护照和庇护所，才得以躲过重重劫难。这场战乱使索罗斯终生难忘。

但在后来的回忆中，索罗斯说，1944 年是他生活中最快乐的一段时光。他从生死危难中学会了如何生存，同时也总结出两条重要经验：第一是不要害怕冒险，第二是冒险时不要押上全部家当。这对他以后的投机生涯很有帮助。

1947 年秋天，17 岁的索罗斯带着父亲伪造的护照只身离开匈牙利，前往西方国家寻求发展。他先是去了瑞士的伯尔尼，之后又去了英国的伦敦。在伦敦，他满怀希望谋个好差事，但很快就领教到了现实的残酷。

在伦敦，他只能靠打一些零工维持生计，生活毫无乐趣可言。出身中上等家庭的索罗斯，无法忍受这种底层的潦倒生活，他决定通过学习来改变命运。

1948 年，索罗斯进入伦敦政治经济学院学习。在那里，索罗斯虽然选修了詹姆斯·爱德华·米德的课程，但他认为并未从这位 1977 年诺贝尔经济学奖获得者身上学到什么。

在索罗斯的求学期间，对他影响最大的是英国哲学家卡尔·波普尔。波普尔不仅鼓励索罗斯严肃地思考世界运作的方式，而且教会他尽可能地从哲学角度去看待问题。这为索罗斯日后建立金融市场运作的新理论打下了坚实的基础。

求学经历让索罗斯不堪回首。由于贫穷，索罗斯甚至一度想放弃学业。极度压抑的他倍感孤独，惟有在书籍和思想中才能找到乐趣。

索罗斯在求学期间还写了一本书，但因临近毕业最终没能完成。年轻的索罗斯对未来有许多幻想，但无论怎样，他都必须先学会谋生。

善于创新的证券交易员

1953年春天，索罗斯学业修满，从伦敦政治经济学院顺利毕业。虽然他获得了学位，但这对于刚走出校园的他来说帮助并不大。他面临着毕业即失业的严峻问题。

毕业后，索罗斯开始找工作，任何能做的工作他都积极尝试。起初，他去北英格兰的海滨胜地销售女士提包，但他很快发现十分难做。这次经历不仅让他感觉到了生活的艰辛和不易，而且也让他认识到了金钱的重要性。他逐渐放弃以前那些不切实际的想法，开始寻求能够提供高工资的工作。

磕磕碰碰中，索罗斯逐渐发现最有可能赚大钱的行业是金融业。他给伦敦所有投资银行都发了一封自荐信，最后辛哥尔 & 弗雷德兰德公司聘他做了一名实习生。索罗斯的金融生涯从此拉开帷幕。

索罗斯对这份工作一见倾心，他将全部的精力都投入了工作之中。皇天不负苦心人，他逐渐成了一名小有名气的交易员，尤其擅长利用不同市场差价赚钱。他开始有了一些积蓄。这时伦敦的单调无趣已经无法满足日益成长的索罗斯了，他决定闯一闯冒险家的乐园、世界最大的金融中心——纽约！

索罗斯一共带了 5000 美元前往纽约，这是他当时全部的积蓄。通过熟人引荐，索罗斯进了 F · M · 梅叶公司，当了一名套利交易员。他主要从事欧洲证券分析工作，为美国金融机构提供咨询。当时，很少有人对他的分析和建议感兴趣。

“套利”后来成为最火爆的金融投资工具之一，但在当时是非常冷清的。几乎没有人相信能从这种投资中盈利几百万美元，因此也就没有人愿意大额投资。

在信息传播不畅的 20 世纪 50 年代，索罗斯只能通过细心研究，利用同一种股票在不同市场的微小差价，通过甲地低价买入，乙地高价卖出来盈利。不过那时国家地域分割明显，欧洲人只同欧洲人接触，美洲人只同美洲人打交道。这种地域观念使索罗斯有利可图，也使得他在欧洲证券方面大展宏图。

几年后，索罗斯跳槽至威尔特海姆公司。威尔特海姆公司是少数几家经营海外业务的美国公司之一。很快，索罗斯便成为华尔街上少有的优秀套利交易员。

1960 年，索罗斯经过分析后认为，由于德国安联保险公司购置的房地产价格上涨，导致其股票售价大大低于资产价值。于是他建议人们购买安联公司的股票。德雷福斯基金和摩根担保公司根据索罗斯的建议，购买了大量安联公司的股票，不久后安联公司的股票价格翻了 3 倍。索罗斯由此崭露头角。

3 年后，索罗斯又开始为霍德 · 布雷彻尔德公司效力。这家公司比较擅长经营外国证券，这一点很合索罗斯的胃口。在那里，他的专业和特长都能够得到充分的发挥。

起初，索罗斯主要从事国外证券行业分析。由于他在欧洲形成了广泛的社交网络，并且精通多种欧洲语言，所以自然而然地成了这一领域的开拓者。他的努力和业绩很快得到了雇主史蒂芬·凯伦的赏识。凯伦认为索罗斯有勇有谋，富于创新，敢于开拓——这些正是从事套利交易所需要的。

在凯伦的欣赏与栽培下，索罗斯步入了事业发展的快车道。

信条2：我不是阴谋家，但我会利用别人的阴谋

世界经济史是一部基于假象和谎言的连续剧，要获得财富，就要在投入前认清假象，然后在假象被公认之前退出游戏。

——乔治·索罗斯

股市通常是不可信赖的，如果你在华尔街跟着别人赶时髦，那么你的股票经营注定是十分惨淡的。

——乔治·索罗斯

有人将索罗斯称为“金融杀手”“魔鬼”。他所率领的投机资金在金融市场上兴风作浪，搜刮了许多国家的财富，掏空了成千上万人的腰包。但索罗斯从不隐瞒他作为投资家以追求利润最大化为目标。

他曾说：我投机货币只是为了赚钱，在交易中有些人获利，有些人损失，这是非常正常的事，我并不是为了损害谁。对于失败者，索罗斯丝毫不表示同情，因为他自己也可能随时遭受损失，并且也曾多次遭受过损失。

及时抓住市场趋势的临界点

自从 1969 年成立量子基金以来，索罗斯创造了一次又一次超越市场平均水平的业绩，年均收益率达到了 35% 以上。在大部分人看来，索罗斯似乎天生拥有撼动金融市场的神力，他的一举一动都足以影响到市场的变化。

曾经有人这样评论索罗斯：如果人们得知索罗斯打算投资黄金，便会毫不犹豫地跟风操作，因此黄金的价格便会上涨；如果索罗斯对德国马克的价值提出质疑，那么马克的价格马上就会出现下跌。显然，索罗斯的影响力已无人匹敌。

索罗斯真的能够凭一己之力左右整个金融市场吗？答案是否定

的。索罗斯之所以能够取得如此辉煌的成就，最主要的原因在于他对市场趋势的准确判断和对市场转势的及时把握。

在投资前，索罗斯总是进行长期的观察。他发现投资市场长期处于一种不稳定状态，总是在不断地发生变化。投资者的主观认识与实际情况之间，存在着永远无法消除的偏差，没有人可以完全超然地面对市场的不稳定。

索罗斯却认为，惟有在市场混乱时趁机浑水摸鱼，才能获得超水平的收益。索罗斯强调说，这样做的前提是能够及时把握住市场转势的那一刻。

索罗斯告诫投资者说：在市场的转折处进行投资，要把握好由量变到质变的临界点，对市场的未来走势做出准确的判断，然后一直坚定地走下去；在达到临界点之前，抓住机会迅速操作。由此可以看出，索罗斯投资取胜的关键是对市场临界点的准确把握。

这个临界点，其实就是市场转势的瞬间。这一理论在他多年的投资案例中是显而易见的。在转势时卖空，是索罗斯在证券市场上最常使用的招数，他也曾坦言这一点，因为这样会带给他胜利的喜悦。

抢占先机，做多马克和日元

1981 年初，里根任美国总统，随即大刀阔斧地改革一系列政策体制。索罗斯通过对里根新政的分析，确信美国经济将会开启一个新的

"盛衰序列"。索罗斯暗中调集资金，大举投资美股。

不久，正如索罗斯所料，美国经济在里根新政的刺激下开始走向兴盛。"盛衰序列"的繁荣期开始出现了！

到了第二年夏天，美国贷款利率开始下降，股票价格不断上涨。这一变化使得索罗斯的量子基金获得了巨额回报。到了这一年年底，量子基金上涨了 56.9%，净资产从 1.9 亿美元猛增至 3 亿美元。

在这之后，美元随着美国经济的发展表现得越来越坚挺，美国的贸易逆差也以惊人的速度不断攀升，这预示着赤字也在逐年增加。

同时，随着石油输出国组织解体，原油价格也开始下跌。索罗斯预测美国政府将采取措施支持美元贬值。此外，他还预测德国马克和日元即将升值，他决定利用这个机会大赚一笔。

索罗斯相信这将是美国走向萧条的转折点，一场金融风暴即将到来。他表面上按兵不动，背地里却密切关注各个政府政策及市场动向，为在未来的金融危机中大展身手做充分准备。

从 1985 年 9 月初开始，索罗斯放空美元，着手做多马克和日元。他累计购入价值 7 亿多美元的马克和日元，超过了量子基金的全部价值。他坚信自己的投资举措是正确的，所以在先期遭受了一些损失的情况下，又大胆地买入了价值 8 亿美元的马克和日元。

到了 1985 年 9 月 22 日，局势开始朝着索罗斯预测的方向发展。美国新一任财政部长詹姆士·贝克和英、法、德、日四国财政部长在纽约的普拉扎宾馆召开会议，商讨美元贬值问题。

会议结束后，五国财政部长共同签署了《普拉扎协议》，决定通过更紧密的合作来有序地对非美元货币进行估价。这意味着中央银行必须低估美元价值，迫使美元贬值。

协议公布后的第二天，1 美元就从兑换 239 日元降到 222.5 日元。索罗斯在美元贬值的第一天就赚了 4000 万美元。接下来的几个星期，美元继续贬值。到了 10 月底，美元已跌落 13%，1 美元兑换 205 日元。到 1986 年 9 月，美元跌至 1 美元兑换 153 日元。

在这次金融风暴中，量子基金由 1984 年的 4.489 亿美元，上升到 1985 年的 10.03 亿美元，资产增长了 223.4%。索罗斯凭借惊人的业绩，在华尔街收入最高的前 100 名人物排行榜中位居第二。按照《金融世界》的报道，索罗斯在 1985 年的个人收入达到了 9350 万美元。

自此，量子基金与索罗斯名声大噪。作为这场投机战役的操盘手与胜利者，索罗斯的秘诀就是比其他人更早发现发生变动的时机，并应时而动，下手快准狠。

信条3：我不是冷血动物，我是冷血投资动物

如果你没有做好承受痛苦的准备，那就离开吧，别指望会成为常胜将军。要想成功，必须做到冷酷！

——乔治·索罗斯

当有机会获利时，千万不要畏缩不前。当你对一笔交易有把握时，给对方致命一击。仅仅把事情做对还不够，要尽可能多地攫取利益。

——乔治·索罗斯

说索罗斯是“金融大鳄”真是形象至极。他如一条凶残的鳄鱼，冷血而又贪婪，从不感情用事。他的目的很明确：获利，获更多的利。他从不隐瞒自己的目的。

超然的冷血投资动物

作为投资界的巨头，索罗斯一直在寻找获利机会。他常常对基础薄弱的货币发起攻击并屡屡得手，在业界以“凶悍”著称。

全世界有无数投资者将索罗斯视为偶像，并把他在世界各地掀起的金融飓风奉为传奇。

狙击英镑成功，获利 10 多亿美元，成为最大的赢家。

对墨西哥比索发动攻击，使该国经济陷入崩溃。

利用金钱的力量，制造亚洲金融风暴，一夜之间拿走泰国人一半财产，联手多家巨型国际金融机构冲击香港证券市场。

……

东南亚金融危机之后，各国民众饱受破产煎熬。索罗斯在接受《福布斯》杂志记者采访时却平静地说，他的阿尔巴尼亚基金会“很好地控制着局势”。

索罗斯将金融投资看作是经济领域的战争。在这场战争中，没有飞机、导弹和坦克，交战的是货币，没有领土的概念，但有“侵略者”和“保卫者”的较量。在他看来，如果数额不大、没有挑战性，这场游戏就不好玩了。

有人贬称索罗斯是一个不折不扣的小偷，甚至是没有人性的冷血动物，因为他在投机行动中总是卷走大量财富。但是索罗斯并不认同这种评论。他强调说，自己只是冷血的投资动物，并非没有人情味，没有同情心。他提醒说，拥有巨量财富并不是他的最终理想，他把钱赚回来，为的是利用这些钱去实现他成为“救世主”的梦。

1979年，也就是成立量子基金10年之后，他开始强化自身的慈善形象，并渐渐将大量精力转到公共政策领域。他时常四处演讲，接受访谈，批评时局，为实现“开放社会”的理想奔波。

“如果你没有做好承受痛苦的准备，那就离开吧，别指望会成为常胜将军。要想成功，必须做到冷酷！”这是索罗斯对投资者的忠告，也是对自己的提醒。

美、日证券市场的“滑铁卢”

量子基金的资产以惊人的速度不断攀升，这令索罗斯倍感自豪。但是好运不会一直垂青他。1987年，索罗斯遭遇了他人生第一次“滑铁卢”。

索罗斯认为，金融市场繁荣期过后必定有一个衰退期。他通过相关渠道得知，日本证券市场上有许多银行和保险公司都大量购买其他日本公司的股票，甚至有些公司为了入市炒作股票，不惜通过发行债券的方式进行融资。某些股票在出售时市盈率已超过40多倍，而投资者的狂热依然持续不减。索罗斯由此推断日本证券市场极度泡沫化，并且即将走向崩溃。

与此同时，索罗斯还将目光锁定美国证券市场：美国市场上的股票在出售时的市盈率仅为19.7倍，与日本相比要低得多。

索罗斯认为，美国证券市场上的股票价格处于合理范围内，即使日本市场崩溃，美国市场也不会受太多影响。因此1987年9月，索罗斯把原本投资在东京的几十亿美元转移到了华尔街。结果出人意料：美国的华尔街首先出现了危机。

10月中旬，道琼斯工业平均指数狂跌，创下历史记录。在接下来的几个星期里，纽约股市一路下滑，而日本股市却相对稳定。索罗斯决定将手中持有的几个大的长期股票份额抛售出去，不料消息被其他投资者获悉，他们借机联手打压被抛售的股票，使期货的现金折扣降了20%。这样算下来，5000个合约的折扣就达2.5亿美元。

据当时报道，索罗斯一天之内就损失了2亿多美元，在这场大崩溃中总共损失了6.5亿到8亿美元。量子基金净资产也在两个星期里跌落26.2%，从原来的25亿美元降为18亿美元。索罗斯成了这场灾难的最大损失者。

和所有投资者一样，索罗斯也痛恨赔钱，但他却能够忍受失败后的痛苦，迅速从阴影中走出来。对于其他投资者来说，犯错是耻辱的来源；而对于他来说，能够认识到错误是一件引以为傲的事情。

在索罗斯看来，对于事物的认识有缺陷是人类与生俱来的弱点，因此他不会因为犯错误而感到丢脸，也不会掩盖自己犯下的错误。他随时准备去纠正自己的错误，以免在曾经绊倒过的地方再度跌倒。

虽屡遭重挫，但从不曾倒下。“伟大的投资者”并非永远是市场中的大赢家，而是承认失败并具有退出阵地的勇气。

留得青山在，不怕没柴烧。

信条4：在游泳中学习游泳

我发现从行动中学习要比从思考中学习来得更迅速，于是我变成了行动的思想家。

——乔治·索罗斯

我是一个慈善的、哲学的、金融的推理者。

——乔治·索罗斯

索罗斯从不把自己视为单纯的投资家，他总是以“哲学家”的眼光审视世界，审视市场，审视人性。就连他当初将自己的基金命名为“量子基金”，也是因为他认为金融市场就像微粒子量子一样，是“测不准的”。

先天的犹太民族出身和二战时期遭遇的痛苦经历，使索罗斯从小就养成了独立思考的习惯，并对事物秉持一种批判内省的态度。或许，这就是索罗斯一直想要做哲学家的内在原因。

金融市场需要哲学思维

在伦敦政治经济学院读大学时，索罗斯就很喜欢哲学，并受到了当时大哲学家波普尔、怀特海德、哈耶克等人的影响，其中对他影响最大的是波普尔。波普尔的哲学思想在其名著《开放社会及其敌人》里有淋漓尽致的表达。

在波普尔的鼓励和影响下，索罗斯潜心研究哲学理论，受到了良好的哲学思维训练。1961 — 1962 年，索罗斯在做交易员时，利用业余时间完成了他在大学期间就开始撰写的哲学处女作——《良知的负担》，由此形成了自己的哲学思想。

索罗斯不仅是一个喜欢哲学、有哲学思维的人，而且是一个懂得运用哲学来解决实际问题的投资家。

索罗斯认为，哲学可以解决一个人的世界观问题。一般人都有自己的哲学观，但只是浅尝辄止，不去深究。他们很快就会联系到他们自己的生活，从纷繁的思维中回到养家糊口、赚钱谋生这些现实问题上来。

与一般人不同，索罗斯总是像哲学家那样，穷尽毕生精力去研究那些抽象问题。他认为，一个人对抽象问题钻研得越深，对具体实践就越得心应手，游刃有余。

对于哲学与投资之间存在的联系，索罗斯有着独特的见解。他说："对哲学的兴趣，可以培养人的洞察力、判断力、宏观决策力，而这些素质在变化莫测的金融市场是必不可少的。"

索罗斯认为，哲学思维可以锻炼人的思想，使思维变得更加敏捷、活跃、开阔，使人考虑问题时更加细致、全面、周到。金融市场正需要这种哲学思维。

在实践中成长的理论学者

索罗斯和其他哲学匠人不同的是，他不仅是一个解释世界的哲学家，还是一个注重实践的学者。

1994 年，在接受拜伦・韦恩访谈时，索罗斯说："我要说的是，只有对思想的探索才能够深深地吸引我。基本上，思考是我生活的重心，我是一个相当喜欢思考的人。我喜欢去了解事物，年轻时就喜欢去做些哲学推理。在某些思想上我浪费了许多青春，后来我发现从行动中学习要比从思考中学习来得更迅速。于是我变成了行动的思想家。我的思想在我采取的行动上扮演着重要的角色，而我的思想也因我的行动而有明显的长进。思想与行动的双向作用，给我的哲学和生活打上了明显的烙印。”

这就好比学游泳，你能通过书本教会一个人游泳吗？显然不能。进化心理学也证明：人在行动中学习的效率要远高于空洞的理论。

正如巴菲特所说：“你真的能向一条鱼解释在陆地上如何行走吗？对于鱼来说，在陆地上走一天胜过在水中听上几千年的空谈。同样，一天的商业实践也具有相同的价值。”

当然，也不能否认理论的作用。正如一个在游泳中学会游泳的人，他可以通过理论开阔自己的视野，使技能更上一个台阶。但是没有实践，永远是纸上谈兵。萨特有句名言：“行动吧，在行动的过程中就形成了自身，人是自己行动的结果，此外什么都不是。”

索罗斯之所以成为“金融大鳄”，不在于他是一个金融投资的成功典范，不在于他拥有多少资产，而在于他是一个有着特殊气质的投资家，是一个有着深厚哲学背景的金融理论家。

索罗斯和一般实用主义投资家不一样，他用一种最适合自己气质和志趣的方式进行投资，并且对投资对象的价值与时机有更深刻、更独到的认识。

正是这种善于将行动与思想相互印证，实践与理论互相结合的作风，使索罗斯的投资拥有了极其鲜明的个人特色。很多学者将此视为索罗斯之所以取得巨大成功的根本原因。

投资在前，调查在后

金融市场瞬息万变，机会出现或将要出现的时候，每个人能够掌握到的信息并不多。这时究竟是机会还是陷阱，往往难以判断。所以投资者一不小心就会被市场套牢。对此，索罗斯的应对之道是："投资在前，调查在后。"

在索罗斯的投资案例中，几十亿、数百亿美元的投资是常有之事。许多投资者都非常佩服索罗斯在风险中下大注的勇气和胆量。索罗斯之所以敢如此做，与他投资前的小资本试探是分不开的。

当机会若隐若现时，尽管索罗斯的反射理论为他提供了把握投资目标的方法，但是这时的他并不能精确地知道目标在哪里，以及什么时候适合投资。对此连索罗斯自己也承认。

换句话讲，他的理论不是时时管用的，但"投资在前，调查在后"的方法，却能够引导他亲自到现场，感知自己的投资判断是否正确。之后才进入重头戏阶段。

在投资前，他会先把自己视为一个普通的投资者，根据研究和发现首先假设出一种市场的发展趋势，然后按照这个假设去投资。这时，他对自己并没有"信心"，他知道自己的假设不见得正确，每一次都有错误的可能。所以他在每次进行大规模投资以前，都会先投入少许资金进行试探，等待市场的反应来证明他的假设是否正确。

假如后来的趋势与他的假设相符，他就会加大资金投入，为获取最大利润做准备。如果市场证明其假设是错误的，他就会努力探求判断失误的原因，并及时地撤回投资，减少损失。

也就是说，索罗斯所说的“投资在前，调查在后”，具体操作步骤为：提出假设，小试牛刀，然后等待市场证明自己的判断是否正确。

说起来简单，实践起来并不简单。即便假设成立，什么时候继续注入资金，如何恰如其分地把握趋势的临界点，也需要花费相当长的时间和精力进行判断。在这时，如果徘徊犹豫，一旦市场走势逆转，投资者就会错过最佳投资时机，而提前追加资金也会增加投资的风险。

仔细观察会发现，索罗斯的这种投资方式就是在市场中“找感觉”。就像他自己说的那样：“我想买 3 亿美元的债券，就会先卖出 5000 万美元。我想先感受一下市场是什么样子，试试作为一个卖出者的感觉。假如卖出很轻松，我会更愿意转而当一名买入者。相反，如果这些债券很难脱手，我就不敢肯定是不是还该继续买进了。”

索罗斯之所以采取这种投资策略，与其哲学思维有非常紧密的联系。他认为，人们对万事万物的认识不可能绝对准确，总会或多或少地存在一定的缺陷；所以不管做了怎样的假设，在某一特定时段内必然是错误的，即这种假设是基于假设中必然存在的某些缺陷之上。要想在投资市场中取胜，就必须寻找并关注这些缺陷对投资的影响。索罗斯认为：如果投资者找不到缺陷，就会感到很困扰；而一旦找到，就会很清楚某个市场趋势。

当索罗斯与罗杰斯合作后，他们一直遵循“投资在前，调查在后”的策略。为了提出某种假设，索罗斯和罗杰斯每天都要深入阅读二三十份公司年报，以此找出若干有关企业发展情势或市场的长期趋势。

在调查方面，索罗斯也有自己的方法和独特风格。他与1500家以上的公司保持着长期联系，从而充分掌握这些公司的业务记录、产值情况、经营状况和股票行情。

此外，为了进一步确认信息的准确性，索罗斯还经常亲自到这些公司去，与公司负责人进行长时间的交流。有时为了详细落实自己的投资计划，他一天要和多家企业负责人谈话，进一步预测形势的发展趋势。

索罗斯建议投资者要学会灵活运用投资与调查相结合的方法。如果在投资中娴熟地运用这种策略，可以有效地控制风险，增加投资成功率。

信条 5：在商言商，无关感情

我是否炒作对金融事件的发生不会起任何作用。我不炒作它照样会发生。我并不觉得炒外币、投机有什么不道德。

——乔治·索罗斯

作为一名成功的投资商，我的理论帮了很大忙。但我想，我能在变幻莫测的金融市场取得成绩，还应加上其他因素。突出的一点是，我不在市场交易中掺杂感情。

——乔治·索罗斯

有一年，乔治·索罗斯来中国进行访问，有记者问了个有趣的问题："您怎么能把慈善家和鳄鱼的形象结合在一起，一只口袋挣钱，一只口袋捐钱？"

索罗斯回答："这要区分两个方面。在金融运作方面，说不上有道德还是无道德，这只是一种操作。金融市场是不属于道德范畴的，它不是不道德的，道德根本不存在于这里，因为它有自己的游戏规则。"

市场是"超道德"的

毋庸讳言，索罗斯是一个不折不扣的拜金主义者。谁也不能否认对金钱的追求是索罗斯最直接的动力。

索罗斯从来不会为自己的投机自责，正如一个杀手总能找到为自己开脱的理由。他曾这样说："就亚洲金融风暴来讲，我是否炒作对金融事件的发生不会起任何作用。我不炒作它照样会发生。我并不觉得炒作、投机有什么不道德。"

索罗斯认为，在商言商，他的一切投机行为都符合既定的投资规则。他说："我遵守运作规则。我尊重那些规则，关心那些规则。作为一个有道德和关心它们的人，我希望确保这些规则是有利于建立一个良好社会的。我之所以主张改变某些规则，是因为我认为这些规则需要改进。就算这种改进会影响到我的个人利益，我还是会支持改进，因为需要改进的规则也许正是事件发生的原因。”

索罗斯一直具有双重性：一方面，他在金融市场上毫无道德观念，目的只有赚钱；另一方面，他慷慨解囊，致力于发展慈善事业。

索罗斯说：“要把赚钱和菩萨心肠分离开来，才能更好地集中心智，才能保持警觉，才能清醒地思考，才能果断迅速地作出决策，才能赚取更多的钱。”

索罗斯在世界各地发展慈善事业，向一些国家捐赠钱财，可能是为了满足他从小就有的救世幻想，使那里的国民更快地步入开放的社会，但肯定不是为了赎罪。他认为，作为一名金融市场的参与者，只要按照已定的规则来玩游戏，不违反这些规则，就不必觉得内疚。

在投机中绝不投入感情

1992 年，在狙击英镑大获全胜之后，英国政府的很多官员对索罗斯恨之入骨，纷纷严厉指责他伤害了英国人民。面对如此严厉的指责，索罗斯坦然应对。

他说：“每一笔交易，都要有人赢，有人输。对英镑贬值一事，我承认英国损失很大，但我绝对不会有丝毫内疚，也不会感到半点懊悔。如果因为他人的指责我便停止行动，我就无法赚到这么多钱。当然，我也不是为伤害英国人民才攻击英镑，我只是为了赚钱，而英格兰银行及英国政府的某些做法恰好给了我一个机会。”

索罗斯认为，资本交易应以追逐利润为最大目的，只要有利可图，有机可乘，投资者便要下手操作，不能囿于政治、宗教、道德或良知畏缩不前。

1997年，东南亚金融危机爆发后，受害的东南亚各国领导人纷纷责骂索罗斯，甚至有领导人扬言要雇黑手党杀掉他。

对此索罗斯回应说：“我是一个守法的市场参与者，只是抓住了东南亚各国金融领域存在的缺陷。这种缺陷是因为当地金融市场的规则制定者不小心造成的。我不会因为东南亚发生了金融危机就感到良心不安，我只对那里的人民表示同情，东南亚一些国家的政府才是这场危机的主要责任人，他们本应设计出让投机者无法得到好处的制度。投机者得到了好处，就表明当局有错误的地方。但这些政府不愿意认错，反而大声说要吊死投机者。他们是在为自己的错误寻找替罪羊。”

在投机中永不投入感情，这就是索罗斯！

信条6：“搞搞震”，才有话语权

金钱是通往目的的手段，但别对它太认真。

——狄华达（索罗斯之父）

那些声称拥有终极真理的意识形态，构成了对开放社会的威胁，因为他们的观点只有靠强迫才能灌输给别人。

——乔治·索罗斯

粤语口头禅“搞搞震”，是捣乱、添乱的意思。

索罗斯是一个喜欢“搞搞震”的坏小子，他在全球金融体系中兴风作浪，一方面为求利，一方面为了赢得话语权以推销他所谓的“开放社会”理念。

狙击英镑

利用金融体系的漏洞赚钱，是金融投机商常用的手段。当欧洲货币体系的失衡状态刚刚显露端倪时，索罗斯就意识到赚大钱的机会来了。

索罗斯善于从宏观层面观察问题。他随时都在注视着全球的金融形势，特别是那些庞大而又不稳定的体系。他犹如华尔街“深水”里的大鳄，眼光敏锐，行动敏捷。

在华尔街，索罗斯虽然是一名大家都有所耳闻的高手，但他真正为全球所熟悉，却是在1992年大手笔狙击英镑时。

英镑原来采取金本位制。与黄金挂钩时，英镑在世界金融市场占据了极为重要的地位。第一次世界大战后，英国政府被迫放弃了金本位制而采取浮动汇率制，英镑在世界市场的地位开始下降。

英格兰银行是英国金融体制的强大支柱，是保障市场稳定的重要机构，具有极为丰富的市场经验和强大的资金实力。从未有人敢去打它的主意，甚至连想都不敢想。然而索罗斯却决定做一件空前的大事，摇动一下大不列颠这颗坚挺的大树，试一试它的根基到底有多牢固。

索罗斯认为英国犯了一个决定性的错误，那就是1990年加入西欧国家创立的新货币体系——欧洲汇率机制（简称ERM）。

欧洲汇率机制使得西欧各国的货币不再盯住黄金或美元，而是相互盯紧各国之间的变化，每一种货币只允许在一定的汇率范围内浮动。一旦超出了规定的浮动范围，各成员国中央银行就有责任通过买卖本国货币进行市场干预，从而使该国货币汇率稳定在规定的范围之内。而成员国的货币可以相对于其他成员国的货币进行浮动，其中以德国马克为核心。

对于英国来说，维持这样的汇率机制，代价是相当高昂的。一方面，英国对德国从此产生了依赖性，不能为解决本国的经济问题而放手行事。另一方面，英国中央银行是否有足够的能力维持其高汇率也值得怀疑。

1989年11月，东德、西德统一。许多人都预测，德国统一后会很快复兴和繁荣起来。特别是1992年《马斯特里赫特条约》的签订，更是让大家受到鼓舞，一个“大欧洲”的概念即将形成。但这一条约显然高估了一些欧洲货币，如英镑、意大利里拉等，这些国家的中央银行将面临巨大的降息或贬值压力。一旦这些国家发生市场动荡，它们无力抵御时，作为核心国的德国愿意牺牲国家利益来帮助这些国家吗？

显然，德国只会更加关注自身的经济问题，不会竭力帮助其他欧洲国家渡过经济难关。

市场洞察力决定一切。索罗斯根据自己的反射理论推断，相对平衡的状态在遇到重大干扰因素之后，必然出现失衡现象，欧洲货币体系也如此。

索罗斯预见到了未来的欧洲汇率机制很难保持协调一致。一旦欧洲汇率机制的某个“链条”出现松动，像他这样的投机者便会乘虚而入。若是他率先对这些松动的“链条”发起进攻，其他的投资者也会闻风而动，使汇率更加摇摆不定。最终导致整个机制被摧毁。

德国的统一，使得德国的经济实力明显增强。但在经济发展的同时，德国本身也存在着一定隐患。因为在统一的过程中，为了实现两德的经济平衡，政府花费了巨额资金，由此出现了财政赤字。

为了维持经济增长，防止通货膨胀，德国政府决定相应提高德国马克的贴现率，使马克的存款有较高的利息，以便吸收更多的存款。

与德国的经济情况不同的是：英国、意大利等国的经济持续处于低谷当中，经济增长速度缓慢，失业人口上升，消费市场呆滞。在这种情况下，他们需要降低存贷款利率，以便降低企业的借贷成本，使企业重获新生。

德国货币坚挺，利率偏高，与其他国家的低利率形成了鲜明对比。大把的资金流向德国，让其他欧洲国家苦不堪言。于是，一些国家向欧洲货币组织提出降低德国马克利率的要求，但是德国拒绝这样做。货币平衡关系的破坏在所难免。

索罗斯推测，在未来不久的时间内，必然会有一次大的金融危机。他坚信各国为了自身利益，肯定会出现难以调和的矛盾。例如，当时英国经济长期不景气，正陷于困难重重的泥潭中。因此英国不可能维持高利率政策。想要刺激本国经济发展，英国唯一可行的方法就是降低利率。

英国货币专家向英国政府提出建议，要求政府从固定汇率机制中退出，并适当降低英镑的存贷利率，这样就可以促进经济的发展。英国政府不敢单方面降低利率，于是要求德国政府降低马克的利率。

英国政府提出这样的要求也是情有可原。假如德国的利率不下调，英国单方面下调利率，将会削弱英镑的地位与吸引力。可是德国人哪会顾及英国人的苦衷？

此时，索罗斯不做哲学家，也不当救世主，而是成了一位敏锐捕捉时机的投机商。他像一个沉稳老练的猎人，等待猎物步入射程，等待英国金融堤坝溃烂。一旦时机来临，他就会以迅雷不及掩耳之势扑上去。

为了证明维持存贷利率的举措是正确的，英格兰银行率先购入了33 亿英镑，目的是阻止英镑贬值。但在索罗斯看来，这不过是虚张声势的把戏，打肿脸充胖子罢了。

随着时间的推移，德国政府维持高利率的经济政策，使英国的经济哀鸿遍野。英国政府再次请求德国联邦银行降低利率，但德国联邦银行担心降息会导致国内通货膨胀，甚至可能引发经济崩溃，因此坚决拒绝了这一请求。

英国经济日益衰退，英国政府不得不考虑贬值英镑以刺激出口。但英国政府却受到欧洲汇率机制的限制，必须将英镑对马克的汇价维持在 1：2.95 左右。英国政府的高利率政策受到本国金融专家的质疑，国内商界领袖也开始强烈要求降低利率。

1992 年夏季，尽管英国首相约翰·梅杰和财政大臣在公开场合一再声称维持现有政策不变，但索罗斯深信英国已经不能保住它在欧洲汇率机制中的地位。此时的英国政府就像市场上卖假货的小商贩，不管他喊得多么大声，也无法掩盖其虚弱的本质。

索罗斯的行事风格，就是看准了的事情就义无反顾地去做，并且一旦做就要做到极致。在考虑投入多少资金对英镑下手时，量子基金内部提议投入30亿～40亿美元，可索罗斯却说至少也要投入100亿美元。

索罗斯期望的投资金额远远超过了量子基金的自有资金，怎么办呢？索罗斯向来有玩空手道的绝活，他能够连续抵押借贷。如果他有10亿美元，他就可以用这些钱来做抵押，然后借到30亿美元；有了30亿美元，他又可以借到100亿美元。他的信誉非常好，不管到哪里借钱，人家都愿意借给他。

筹备好资金这个"弹药"后，索罗斯先是瞄准相对弱小的意大利里拉下手，促使里拉贬值。从中赚取巨额利润后，他静候攻击英格兰银行的机会来临。

1992年9月上旬，英镑对马克的比价在不断地下跌，从2.95跌至2.85，又从2.85跌至2.79。为了防止投机者操作，导致英镑对马克的比价低于2.7780（欧洲汇率机制中规定的下限），英国政府曾下令英格兰银行购入33亿英镑来干预市场。但英国政府的干预并未产生多大的效果，这让索罗斯更加坚信自己的判断是正确的。

投机者们在索罗斯的带领下，开始大举围猎欧洲汇率机制中那些疲软的货币，其中就包括顽固的英镑。索罗斯及一些长期进行套汇经营的共同基金和跨国公司，在市场上大量抛售疲软的欧洲货币，这些国家的中央银行不得不斥巨资来支持各自的货币价值。

为了阻止英镑继续贬值，英国政府从国际银行组织借入75亿英镑，但这和索罗斯的力量相比，犹如杯水车薪。仅他一人就动用了 100 亿美元，况且还有大大小小嗅到猎物气味蜂拥而至的“狼群”。若是将这些投机者的钱都加起来，数倍于 100 亿美元。显然，英国政府已经无力对抗这群嗜血野兽的扑咬。

索罗斯在这场豪赌中抛售了价值 70 亿美元的英镑，购入价值 60 亿美元的坚挺马克。同时，索罗斯考虑到，一个国家货币的贬值或升值，通常会导致该国股市上涨或下跌，于是他在各国的股市中早就暗布奇兵。

在这场捍卫英镑的战役中，英国政府动用了价值 269 亿美元的外汇储备，但最终还是遭受惨败，被迫退出欧洲汇率机制。后来，英国人把 1992 年 9 月 15 日——退出欧洲汇率机制的日子称作“黑色星期三”。

作为与英国政府较量的对手——索罗斯是这场袭击英镑行动中最大的赢家。他被著名的《经济学人》杂志称为——“打垮了英格兰银行的人”。

在短短的两周时间里，索罗斯就从英镑空头交易中获利接近 10 亿美元。但除了放空英镑，还有其他许多获利渠道。他玩的是一套组合拳，这里面有英国、法国和德国的利率期货多头，和卖空意大利与瑞典的货币以及东京股票市场。全部加起来，这场狩猎的收获约为 20 亿美元，其中索罗斯个人收入约占 1/3。

在这一年，索罗斯的基金增长了 67.5%，他个人也因净赚 6.5 亿美元而荣登《金融世界》杂志的“华尔街收入排名榜”之榜首。

狙击东南亚

20 世纪 90 年代初期，西方发达国家的经济逐渐衰退，东南亚国家的经济却出现奇迹般的增长。东南亚各国的经济实力日益增强，前景一片光明，其发展模式一度成为发展中国家仿效的模本。为了保持经济快速增长的势头，东南亚各国纷纷放宽金融管制，推行金融自由化。

但是东南亚各国忽视了繁荣背后一些很重要的东西，那就是各国的经济增长，并不是基于单位投入产出的增长，而是严重依赖于外部资金的增加。此时放宽金融管制，无异于空中建楼阁，将各自的货币政策漏洞一览无遗地暴露在国际游资面前，从而极易受到冲击。此外，由于经济的快速增长，东南亚各国普遍出现了房地产过度投机、高估企业规模以及市场需求等情况，从而使得发生经济危机的风险迅速累积。

国际货币基金组织经济学家莫里斯·戈尔茨坦曾预言道："在东南亚，货币正经受着多方冲击，很可能会爆发金融危机，尤其是泰国，存在的危险因素更多，更易发生金融动荡。"但是戈尔茨坦的预言并未引起东南亚各国的重视，它们仍沉醉在自己所创造的经济神话之中。

东南亚如此巨大的金融漏洞，自然逃不过索罗斯的眼睛。他一直在等待最佳时机，希望能再打一场完美的胜仗。

机会终于来了，1993 年，索罗斯发现马来西亚货币林吉特被低估，于是决定拿林吉特作为突破口。他联合一些套头基金经理，开始对林吉特进行围剿。马来西亚时任总理马哈蒂尔采取了一系列强有力的干预措施，用以加强对本国资本市场的控制。索罗斯无机可乘，只好暂时退回原地。马来西亚货币林吉特也因此免遭劫难。但在马来西亚的小败怎能使索罗斯退却呢，他只是在等待更合适的机会。

接着，东南亚各国经济过热的迹象更加突出。各国中央银行试图通过提高银行利率的方法来降低通货膨胀率。但这种方法也提供了很多投机的机会，连银行业自身都在大肆借入外币进行套利。这造成的严重后果就是各国银行的短期外债剧增，一旦外国游资流走，各国金融市场将会出现剧烈震荡。

针对这一局面，东南亚各国中央银行虽然意识到了问题的严重性，但面对开放的自由化市场，已经力不从心了。其中，以泰国的问题最为突出。

在当时东南亚各国中，泰国的金融市场自由化程度最高，泰铢紧盯美元，资本进出自由，结果造成泰国经济的“泡沫”最多。银行将外国流入的大量美元贷款转移到了房地产业，造成供求严重失衡，导致银行业出现大量的呆坏账，资产质量严重恶化。索罗斯正是看准了泰国金融市场潜在的危机，决定首先袭击泰铢，然后再对整个东南亚国家的资本市场进行围歼。

1997 年 3 月，当泰国中央银行宣布国内 9 家财务公司和 1 家贷款公司存在资产质量不高以及流动资金不足的问题时，索罗斯等待的机会终于来临。他联合其他投机商开始大量抛售泰铢，泰国外汇市场顿时风雨交加，泰铢一路下滑。

看到这种局面，泰国中央银行采取了各种应急措施，如动用 120 亿美元外汇买入泰铢，提高隔夜拆借利率，限制本国银行的拆借行为等。这些行动使索罗斯的交易成本骤增，一下子损失了 3 亿美元。但是 3 亿美元的损失根本无法吓退索罗斯，他对自己的狩猎活动信心满满。

同年 6 月下旬，索罗斯纠集了更加庞大的资金方阵，再次向泰铢发起猛攻。各大交易所一片混乱，泰铢狂跌不止，交易商疯狂卖出泰铢。尽管泰国政府动用了 300 亿美元的外汇储备和 150 亿美元的国际贷款，试图扭转这一局面。但这区区 450 亿美元的资金，相对于巨量国际游资来说，作用几乎为零。

7 月 2 日，泰国政府不得不改变了维系 13 年之久的货币联系汇率制，实行浮动汇率制。接下来的几周，泰铢更是狂跌不止。7 月 24 日，泰铢已跌至历史最低水平。经此一役，泰国政府被卷走了 40 亿美元，很多泰国民众也输得倾家荡产。

首战告捷，但索罗斯并不满足，他将矛头对准整个东南亚。很快，索罗斯飓风就扫荡到了印度尼西亚、菲律宾、缅甸、马来西亚等国家。各国货币纷纷大幅贬值，工厂倒闭，银行破产，物价上涨，东南亚到处一片惨不忍睹的景象。最终，这场金融飓风刮去了东南亚数百亿美元的财富，使这些国家几十年的经济增长顷刻间化为泡影。

不仅如此，东南亚的金融危机还波及到拉美和东欧以及亚洲其他国家的外汇和证券市场。这些国家的政府也不得不动用国库支持本国货币及证券市场。

索罗斯在金融市场上的出击，使得许多发展中国家的债务和贸易逆差激增，破坏性极大。因此，许多国家将索罗斯视作洪水野兽，对其唯恐避之不及。

东南亚事件后，索罗斯将目标转向刚回归中国的东方明珠——香港。

1997 年 7 月，港币遭到大量投机性抛售，港币汇率受到冲击，币值一路下滑，很快就跌至 1 美元兑 7.7500 港币的心理关口附近。当时的香港金融市场一片混乱，各大银行门前挤满了挤兑的人群。

为了应对这一紧张局面，香港金融管理局果断入市，强行干预市场，大量买入港币，以使港币兑美元汇率维持在 7.7500 港元的节点之上。在采取措施的一周内，确实起到了预期的效果。但是好景不长，港币兑美元汇率再一次跌破了 7.7500 港元的关口。于是，香港金融管理局再次动用外汇储备，全面干预市场，将港币汇率重新拉升至 7.7500 港元之上。

索罗斯第一次试探性的进攻，在香港金融管理局的有力防守中失败了。

但是索罗斯岂会轻言放弃。他开始对港币进行大量的远期买入，准备重现英格兰和东南亚战役的辉煌。索罗斯忽略了一个事实：香港和中国大陆的外汇储备当时有 2000 多亿美元，加上台湾和澳门，外汇储备不少于 3740 亿美元。如此强大的实力，怎能让索罗斯的计谋轻易得逞？

此时的香港，维护固定汇率制是维护人们信心的保证。一旦固定汇率制在国际游资的冲击下失守，人们将会对香港失去信心，进而毁掉香港的繁荣。在这种生死存亡的危急时刻，香港政府会不惜一切代价，反击对港币的任何挑战。

1997 年 7 月 21 日，索罗斯又吹响了集结号，对香港市场发动新一轮进攻。当日，美元兑港币 3 个月远期升水 250 点，港币 3 个月同业拆借利率从 5.575% 升至 7.06%。

为了应对这一局面，香港金融管理局于次日策划了一场反击战。香港政府通过发行大笔政府债券，抬高港币利率，进而推动港币兑美元汇率大幅上扬。同时，香港金融管理局对两家涉嫌投机港币的银行提出口头警告，使一些港币投机商投鼠忌器，有力地遏制了香港本地的投机人员，在一定程度上削弱了索罗斯的投机力量。

当港币又开始出现投机性抛售时，香港金融管理局大幅提高短期利率，使银行间的隔夜拆借利率暴涨。这一连串的反击，使索罗斯的香港征战未能讨到任何便宜，反而损失惨重。

中国政府也一再强调，将会全力支持香港政府捍卫港币稳定，必要时，中国人民银行将会与香港金融管理局合作，联手对抗索罗斯的投机活动。这一消息对香港来说犹如雪中送炭，但对索罗斯来说却是晴天霹雳。

同年 7 月 25 日，在上海举行的包括中国大陆、澳大利亚、香港特别行政区、日本和东盟国家在内的 11 个亚太国家和地区的中央银行会议发表声明：亚太地区经济发展良好，彼此要加强合作，共同打击货币投机。这标志着索罗斯狙击港币的梦想完全破灭。

总的来说，索罗斯作为世界上头号投机家是当之无愧的。自他进入国际金融领域至今，取得的骄人业绩无人能及。不仅在数额上，还表现在业绩的持久性上。

也许有的投资者在一两年内能取得惊人业绩，但像索罗斯那样几十年一贯表现出色的非常罕见。当然，索罗斯也曾经历失败，但他总能从跌倒的地方再站起来，并且变得更加强大。

信条 7：用金钱来撬动地球

金钱是人类最伟大的发明，只有金钱才会向穷人开放，而权力永远不会。

——弗里德里希·哈耶克

将人间变成地狱的原因，恰恰是人们试图将其变成天堂的努力。

——赫尔德林

索罗斯之所以鼓吹“开放社会”，是因为开放社会是只向有钱人开放的资本主义社会。在“金权政治”一统天下的开放社会里，索罗斯这样的超级富豪才是当之无愧的王者。

用金钱来影响世界和历史

索罗斯用于慈善捐助的钱，绝大部分用在了东欧和前苏联。之所以这样做，并不是因为那些地方太穷。如果只是把贫穷作为捐助标准的话，那么非洲一些国家的人民更加穷困，更需要捐助。

事实上，索罗斯有了钱之后，就非常关心政治。他把用于捐助的钱投向东欧和前苏联地区，认为那里是不开放的社会。他捐助那里，是想通过金钱的渗透来宣扬自由市场经济，对该地区进行和平演变。正是出于此种目的，在选择资助对象的时候，他很注意从地缘政治的角度来考虑。

在资助对象的选择上，索罗斯也有明确的标准。他的大部分资助对象是贫困的大学生和科学家，因为他们更容易接受新的理念，对未来更具有影响力。

索罗斯的另一类主要资助对象是持不同政见者。例如，1984 年，他在匈牙利成立了一个开展文化教育资助活动的基金会，并任命一个名叫米克罗思·瓦萨赫利的人担任该基金会的负责人。此人曾在匈牙利动乱时期担任该国总理新闻发言人，后被开除出所属党派，并被判处5年监禁。

在向东欧和前苏联地区进行经济援助时，索罗斯总是不会忘记向获得他资助的人推销其开放社会思想。有人评论索罗斯说，他是在用金钱来实现波普尔书本上的东西。原因是，尽管他很喜欢政治哲学，但又没法总结出深刻的足以赢得信仰者追随的思想，于是只好用金钱来补偿自己的思想不足。

为了推行自己的政治理念，20世纪80年代后期，索罗斯曾经向时任英国首相的撒切尔夫人提议，请求与她当面讨论一项援助前苏联的计划。他甚至还为这个计划起好了名字——“撒切尔计划”。然而当时的撒切尔夫人并没有把索罗斯和他的计划放在眼里，直到下台之后，才与他通了一次电话。

在那个时期，给予索罗斯冷遇的国家领导人并不只有撒切尔夫人。索罗斯曾经想要和时任苏联最高领导人的戈尔巴乔夫见上一面，与他讨论援助苏联科学家的工作。可是戈尔巴乔夫怎么会接见这个名气不大的金融投机客呢？

虽然接连几次受到国际政要的冷落，但索罗斯并没有丧失对政治的热情。他认为正是因为自己的资本太少，不足以引起政治家们的注意，才造成了如此尴尬的局面。于是他更加努力地赚钱，然后把赚来的钱投入到更多带有政治色彩的慈善活动当中。

同时，他也没有因为戈尔巴乔夫的冷落而减少对前苏联的投入。相反，他加大了慈善投入的力度。

综上所述，我们不难看出：索罗斯进行慈善活动的背后，隐藏着明确的政治目的。他想要通过金钱，来实现军事力量无法实现的政治目的。

试图用自己的方式影响历史

无论索罗斯的政治思想是否进步，也不管他的行动是否推动了历史前进，至少有一点是清楚的：大部分的金融投资者是以赚钱和满足自身欲望为目的，索罗斯却把赚来的钱用在满足自身历史责任感上。确切地说，索罗斯想通过金钱的作用，实现他在别的道路上无法实现的政治目的。

少年时期，索罗斯就有过做超人的幻想，也有过做救世主的冲动。如今，他觉得这已经不是什么幻想，而是部分实现了。索罗斯说，他到处旅行，走过他资助的地方时，受到的是人群的欢迎甚至欢呼。那些得到过他资助的人，常常感激备至地赞美他。这使他感觉到，金钱帮助他实现了少年时代的幻想。索罗斯十分喜欢人们对他的赞美，他认为这正是他努力的结果。

索罗斯曾坦率地表露自己的心声，他说："我真的想影响历史，但现在我已经开始克制我在这方面的兴趣。我曾经几乎是不择手段地想拥有对历史的影响力，希望被别人认为是重要的。然而当我真的有了影响力之后，反而变得比较平静。不像过去那样急不可耐地发挥影响力了。我觉得这样的效果更好。我不必急着去人们不敢去的地方，不再勉强推销自己的理念。我要保持一定距离，保持一种姿态，以便等待别人来向我征求意见，而不是主动把我的意见说给他们听。我不否认，成为历史舞台上的一个角色，对我来说非常有吸引力。”

说来说去，他仍是迫切地想推销他的政治理念，想青史留名，只不过现在的推销姿势较以往矜持多了。当然，这是因为他已经有了矜持的本钱。

信条8：矛盾共生，双向操作

测验一个人的智力是否属于上乘，只需看他脑子里能否同时容纳两种相反的思想而无碍其处世行事就行了。

——托利得（法国社会心理学家）

如果你的表现不尽人意，首先要采取的行动是以退为进，而不是铤而走险。当你重新开始时，不妨从小处做起。

——乔治·索罗斯

对冲（hedge），本是一个赌博术语，指赌博中为防止损失而采用两方下注的投机方法。现在，对冲已经成为金融学的一个重要术语，是指一种既能降低商业风险又能获利的投资手法。

对冲基金，是以对冲为基本交易手段的基金。索罗斯是最擅长用对冲投资赚钱的人。索罗斯的量子基金是对冲基金中的杰出代表。自成立到关闭共计 31 年的时间里，量子基金的平均回报率高达 30% 以上。

多角联动的市场

有过投资经验的人都知道，美股、黄金、原油之间往往是一种三角关系，比如：美股下跌，伴随着的就是黄金价格上涨，而原油价格却出现下跌。如果能权衡这三者之间的联动关系，以及各自的风险系数，多头下注，就有可能利于不败之地。当然，这只是双向投资的一个简化模型，真实的投资要复杂得多。

索罗斯认为，市场就是“与矛盾共生”的。比如，原油价格下跌，会抵消通货紧缩的作用。面对这种令大多数投资者感到迷惑的情形，索罗斯采取了既不放弃过去行之有效的交易模式，同时在新条件下采取相反的操作手法。

索罗斯的选择充满了矛盾，他说：“在一个行业选择股票时，同时选择最好和最坏的两家公司进行投资。”这种同时以两种相反的理论作为指导的投资策略，简直令人匪夷所思。这就是索罗斯的“矛盾共生，双向操作”策略。

索罗斯如此自圆其说：“如果我最初进行一项真实投资，然后卖空相等的份额，那么价格下跌 20%，即使它同时影响多头和空头两方面，我在多头上投资将只剩下 80%。如果我适时地收回空头投资，就能弥补这种损失。即使价格上涨让空头交易受损，也比价格下跌时多头交易的损失小。”

对于索罗斯的这一投资策略，听起来比较容易，做起来却很困难。在真实的投资过程中，真实情况往往比理论模型更为复杂，而索罗斯又常常在几个市场上同时操作，因此很少有人能真正学到其独到的投资策略。

世界上最善于对冲赚钱的人

2013 年，尽管美国股市表现强劲，屡创历史新高。然而对整个对冲基金行业来说，却是一个歉收的年份，行业平均投资回报率不到 10%，这一水平远低于标普 500 指数全年 30% 的涨幅。来自彭博新闻社的统计数据甚至更低，对冲基金全年投资回报率仅为 7.3%。然而有一只对冲基金却在当年异军突起，成为传奇，它正是投机之王索罗斯创建的量子捐助基金。

双向操作策略，是量子捐助基金成功的秘诀。

2013 年，量子捐助基金净赚 55 亿美元，沉寂十余年的量子捐助基金，再次赢得了投资界的崇拜，重回最赚钱基金的宝座。

55 亿美元的回报，是量子捐助基金自 2009 年来的最好表现，其回报率达到了 29%。这主要是因为索罗斯准确地押中了全球金融危机的结束。

量子捐助基金的表现之所以比对冲基金同行要好。是因为它依然保持着“挣钱”的进取状态，而非“守钱”的保守状态。太多的对冲基金经理以损失投资回报为代价而控制风险，因此表现不佳。索罗斯经营的量子基金，投资风格貌似激进，但其思路却颇为缜密。因为索罗斯总是以“双向”投资来对冲风险。

21 世纪初的那次互联网泡沫破灭，令量子基金损失高达 100 亿美元，失去了世界最大对冲基金的头衔。当时量子基金的几位主要负责人均引咎辞职。那场危机也让索罗斯神话祛魅。索罗斯被迫将旗下的量子新兴增长基金和量子基金合并为量子捐助基金，也有人将其称为“新量子基金”。在致股东的信中，索罗斯表示，要将新量子基金打造成“低风险、低投机性”的对冲基金。

种种灾难没有将索罗斯打倒，反而使他练就了与矛盾共生的本领。在投资理论上，索罗斯越来越掌握到了投资的精髓所在。

对于索罗斯来说，“乱局即大局”这则信条在他身上再次应验。在 2008 年爆发的金融危机中，索罗斯虽有损失，但他总算抓住了“触底反弹”的机会。

2009 年，索罗斯重整旗鼓，获得了超过 1600 亿美元的银行信贷、投资等资产。这一次，索罗斯正确研判了危机结束的时间点，多头下注，双向投资，在一年后的 2010 年，量子捐助基金获得了 30 多亿美元的投资收益。在 2013 年，更是斩获 55 亿美元净利润，再度成为全球盈利最高的对冲基金。

信条9：市场不一定是对的，机会总是有的

市场是有效的这一观点是正确的，但因此得出结论说市场永远是有效的，就显得很荒谬。

——乔治·索罗斯

有一句谚语家喻户晓，说什么市场总是对的。我持有相反的观点，我能够假设市场总是错误的。

——乔治·索罗斯

索罗斯认为，任何假设完全认识的理论都是荒诞的。在现实世界中，人们对买卖的决策是建立在想像与期待的基础上，并非基于严谨的经济学之上。所以人们只能达到对事物不完全认识的程度。

市场不是永远有效

在投资上，索罗斯比较赞同巴菲特的观点：无论在怎样的情况下，无论市场如何变化，都不对那些不确定因素做任何预测。

将选股的唯一标准定在优质股上，只选择价值优异、价格低于价值的股票。不去关注股市的涨跌起伏变化，不去了解专家的预测，不去打听内部消息，甚至不去关注经济形势的变化，只关注——买什么、什么时候买和买入价格。

索罗斯不相信市场是永远有效的。因为经济学家所谓的有效市场理论，是建立在市场价格对信息的反映上。他们认为，不管是弱有效市场还是强有效市场或者是半强有效市场理论，股票价格都能反映信息对它的影响，价格体现了它的真正价值。这些信息大体上是由旧有的信息、真假掺杂的信息组成。

索罗斯认为，市场不一定是对的，因为它忽略了那些来自于未来信息的影响。索罗斯认为市场价格可能出错的另一个原因是：人们获知的信息并非是完整的、理性的，而是一些带有偏见的看法。这种偏见会在正反两个方面同时起作用。

索罗斯说：“市场参与者在操纵市场交易时会带有片面性，同时，他们的片面性也会反过来影响交易的未来发展，两者之间互为作用与反作用力。这也许会使人们产生这样的印象，即市场能先期预料到未来的发展，并且相当准确。然而事实却是：并不是眼前的期望符合未来的事件，而是未来的事件被眼前的期望所影响。”

索罗斯的此番话，充分显示了用哲学思维武装起来的大脑有多么睿智。

有效市场并不存在

不少人相信，金融和股票市场是一个“有效市场”，只要遵守规则就可获得收益。这些理论的虔诚信徒们顽固地坚持：因为投资者对一个公司的状况有“相当完美”的认识与了解，所以每种股票都应该是根据其价值来准确估价的。

有效市场理论建立在两个前提之上：第一，人们在任何规定的时间内都能对金融市场有一个完美的了解；第二，股票价格反映了所有可获得的信息。

在这种理论的支配下，投资者面对各种各样、门类齐全的股票进行选择时，就会自然而然地按所谓的“理性”来办事，选出“最好的”。同时，他们认为，股价会与上市公司未来的利润状况形成“理性”的联系。

这就是风靡一时的有效市场理论。它假想了一个完美的理性世界，同时也假想“所有的股价都反映了所有的信息”。

在传统经济学鼓吹有效市场理论，并假想“完美的竞争和完美的认识是可以达到”的时候，索罗斯对该理论提出了质疑。同时，对这些经济学家在需求与供给曲线形态上的臆断，索罗斯也持批判态度。

经济学家声称：在市场上，那些根据自己喜好程度进行选择的消费者，知道什么是好的，什么是差的，知道选择的余地是什么。索罗斯认为这种观点是错误的，他认为：“供求曲线的形态不会有人提供，因为这两者把消费者对待商品市场的期望具体化了。”他坚信在这一方面自己认识得更深，也更有发言权。

索罗斯说：“一般来说，我认识事物的洞察力就是非完全认识论在行动中的作用。传统的经济学建立在均衡论基础之上，他们认为供求均衡相等。但是，如果你发现我的非完全认识论在我们认识世界这一行动中的重要作用时，你就会发现你所做的恰恰是不平衡的。”

索罗斯这样解释自己的观点：许多投资者相信自己能“预料”未来市场的发展，也就是说，他们能在市场未来来临之前，就开始考虑到未来的市场行情与发展状况。

索罗斯认为这纯粹是“胡说八道”与“无稽之谈”。他说：“对于未来状况的任何幻想都是带有偏见的、不完全的。我不认为事实和信念是自发独立存在的。相反，我在阐述反射论时，就强调‘片面是改变了的事实’。”

索罗斯认为，时价常是“错误”的，它提供的不是对未来的理性认识，而是一个片面的认识。他说："对于那些推崇传统经济理论的人来说，要让他们去接受市场活动将影响供求这种观念，未免显得有些荒唐，因为那些学习传统经济理论的人所接受的观念，是供求曲线的形态影响市场价格。"索罗斯相信供给与需求会受到市场的影响，这会导致价格波动，但这却不是均衡的。

索罗斯认为，这种有悖常规的现象成为了所有金融市场的特征，它将为贴现机制的未来发挥所用。股市就是一个很好的例证，而且外汇交易市场、银行及任何形式的信贷都存在这种现象。

"任何在价格不断变化的市场上经商的人，都知道市场参与者深受市场发展的影响。"索罗斯强调说，"不仅是以正在上涨的价格来吸引买主，购买本身也推动着价格上涨，这样可以形成一种自我强化的趋势。如果供求是基于与市场价格毫不相干的因素，那么就不会有任何自我强化的趋势出现了。"

信条 10：是闲人，非等闲人

成为亿万富翁的好处，就是现在邀请的人很多，反而哪儿也没有时间去了。

——乔治·索罗斯

该休息的时候就要静下心来好好休息。因为任何投资者都渴望成功，而为了成功，你必须休息，并且需要足够的时间来思考自己的投资计划。

——乔治·索罗斯

大人物均非等闲之辈，但都貌是闲人。他们于商海品茗，观澜听涛，往往在不经意中做成一笔又一笔大买卖。反观小股民，倒是时时紧盯大盘，天天忙着买进卖出。

索罗斯也是位甩手掌柜，他说自己一天要花三分之一的时间思考。“股神”巴菲特也是个“闲人”，他说：“没有热闹的小道消息充斥耳边，才能冷静地思考。”惟有给身心一些空闲，才能在关键时刻出手，把握住大机会。

把时间用在思考和反省上

鳄鱼是最有耐心的狩猎者，能够数小时埋伏在水下，仅露出眼睛和鼻子，一动不动，如一根浮木。大鳄索罗斯也是那种耐心与定力超强的投机家。他在等待时机的时候，从不会被股市闹得心神不宁、坐立不安。他认为这是一个很好的休息与反省的机会。因为长期在股市上奔波，是很容易疲劳的，这段时间完全可以好好休息一下。

索罗斯说，在这个时期，最好不要对自己持有的股票进行任何没有把握的操作，不如多给自己一些自由支配的时间，深入地思考，耐心地等待。

在投资机遇到来之前，索罗斯总是把时间用在思考和反省市场上，有时还会利用部分时间去分析那些比较看好的企业的经营情况，试图在一些细微之处寻觅到有价值的信息。正是因为索罗斯具有如此的耐心和超然物外的心态，才使他在股市中挥洒自如，仿佛一切都在掌控之中。

成功不需要时刻紧盯市场

在索罗斯看来，那些时时紧盯市场、频繁操作的投资行为，往往收效甚微，甚至得不偿失。市场是不易把握的，它动荡不定，经常处于混乱无序之中。投资者如果没有充裕的时间分析市场，独立决策，就很容易盲从，别人做什么自己也做什么，最后在股市危机中被紧紧套牢。

索罗斯告诫投资者，投资要想获得成功，就必须要有充足的自由时间。投资者在进行投资前，不仅要对市场趋势有清晰的认识，也要对所投资公司的财务报表、经营状况等相关资料进行认真的分析，为成功投资打下坚实的基础。

股市常常是扑朔迷离，充满假象。这些假象往往会对投资者造成误导或诱惑，如果无法突破假象的迷障，投资者就容易做出错误的决定，因此损失惨重。

有些人认为，这些市场信息完全可以从专家的分析里得到，自己没有必要花费大量的时间去做调查。索罗斯从来都不认可这些分析的正确性和科学性，他认为听这些专家的意见除了浪费时间之外，并没有其他更大的“好处”。

在索罗斯看来，那些所谓的股评专家，对市场做出的分析往往是可笑的，并不能反映目标公司的真实情况。更何况这些信息是公开的，很容易被普通投资者获得，所以也常常会沦为庄家操纵市场的工具。

投资要懂得张弛之道

索罗斯认为，金融投资应张驰有道，不要使自己过度紧张。他每周的工作时间一般不会超过 30 个小时，大部分时间都是在休假或娱乐。他认为，不应该把休闲当成浪费时间，休息也是工作的一部分。他说，那些每天紧盯市场的人，并不见得就能取得好收益，因为他们往往容易被一些细节左右，最终在紧绷的神经之中迷失方向。

索罗斯从容不迫的大将之风并不是天生而来的，而是在后天无数次的实践中慢慢培养起来的。

在从事金融工作的前几年，索罗斯对得失盈亏看得极重，精神常常处于高度紧张的状态。他像大部分交易员一样小心谨慎，时刻关注价位涨落，哪怕是极其细微的变化，也逃不过他的眼睛。他时刻告诫自己，一定要紧盯市场，绝不容许自己有一丝的懈怠与疏忽。

后来，他发现紧张不仅有碍身心健康，还剥夺了他享受快乐的权利，于是他开始学着调整自己的投资方式。

他发现，要想解除工作的紧张和压力，除了放松之外，没有更好的办法。于是他把放松作为日常的一项功课，并视为工作的一部分。

放松神经之后的索罗斯，投资效率大大提高。1987 年，量子基金的表现比往年更好；1988 年底，他管理的资金增加到 4 亿美元，是 1987 年的 4 倍。

此后，索罗斯更加注重日常生活中的放松。张驰有道的工作习惯，令他的头脑运作得更有效，投资看得更准。

信条11：绅士，就是有耐心的狼

并不是每一个投资者都能够在股票市场上赚到钱，因为他们不懂得股票投资需要等待最好的时机。

——纳德·巴鲁克（华尔街著名投资家）

我们对一家公司下一季度会赚多少钱并不感兴趣，我们感兴趣的是广泛的社会、经济和政治因素，如何影响未来一段时间内某一行业或某一类股票的命运。如果我们看到的与某只基金的市场价格间有很大的差距，那再好不过了，因为这意味着我们有机会赚钱。

——乔治·索罗斯

有句俏皮话是这样说的：绅士就是有耐心的狼。对此，每个男士都心领神会。投机也一样，在相当程度上是对耐心的考验。

如果找不到符合自己要求的股票，即使股市正处于牛市，索罗斯也不会盲目地进行任何一项投资。他要做的只是耐心等待，等待投资机遇的到来。

索罗斯的这一投资理念得到了金融界的一致好评。投资大师罗伯特·斯莱特在评价索罗斯的时候曾经这样说："要问索罗斯成功投资的秘诀是什么，我首先要说的就是耐性，其次才是其他的。"

买入股票的最佳时机

有些初涉股市的投资者经常会问："到底买什么股票才是最好的呢?"索罗斯的回答是："股票没有好坏之分，重要的是购买的时机。投资者只有在环境和时机都成熟的时候出手购买股票，才能够使自己的投资获得最大收益。"

索罗斯强调说，那些价格正在下跌的股票，并不一定就是垃圾股票或者是不可投资的股票，它们之中也有不少是正处在最佳投资时机的股票。这是因为导致股价下跌的原因有很多，除了公司破产之外，公司外部的原因也可能造成股价下跌，而后者对公司的生产和销售都没有直接影响，其股票还是有很大潜力的。所以投资者对股价下跌中的股票不能一概放弃，要耐心地寻找那些因为公司外部情况不佳导致股价下跌的股票进行投资。这样一旦外部情况发生变化，投资者就会有非常可观的盈利。

选择和掌握最佳投资时机并不是一件容易的事情，不仅需要投资者有丰富的股市经验，还需要投资者对股票有深入的了解，尤其是对股票背后公司的经营状况、产品前景、在行业里的竞争实力等，都要有清晰的认识，然后通过高超的判断力和分析力得出自己的结论。

索罗斯认为，华尔街上很多受人尊敬的投资家并不一定值得信任，虽然他们在投资市场上很有权威性，也懂得很多股票投资理论。索罗斯认为他们的理论是落后的，完全跟不上时代发展的步伐，也没有科学依据。他认为，对市场的分析应该更多地关注金融指标、通货膨胀指数、经济周期和经济增长。也就是说，要判断某一个时间段是否是最好的投资时机，应该建立在对基本经济因素进行分析之上。

不同类型股票的投资时机各不相同。如果投资者完全忽视了这一点，看到价格上涨的股票就去购买，往往容易成为他人的垫脚石。根据索罗斯的“枯荣相生”理论，疯狂上涨的股价上升到一定程度后，必然会开始下跌，而且很可能会在很短的时间里就有很大幅度的下跌，所以盲目追涨的后果是很严重的。当投资者想去购买一只价格正在急速上升的股票时，一定要弄清楚这只股票是否具有光明的前景，是否还有进一步上升的空间。

索罗斯认为，掌握投资时机与一个人的心理素质也有很大的关系。如果面对时机不能保持冷静、理智，一时冲动会让自己跌入深渊。心理素质不好的投资者虽然有时也能够赚到一些钱，但并不具备稳定性与持久性。

沽出股票的最佳时机

所谓沽出股票，是指投资者判断某只股票的价格即将下跌，提前进行抛售，然后在股价大幅下跌后买入平仓，以赚取其中的差价。

举例来说，市场上某只股票的价格为20美元，这时候投资者判断其即将下跌，于是将其沽出。过一段时间之后，该股票的价格下跌为10美元，这时候投资者再出手买进，对其进行平仓。这样，投资者就可以轻易地获得10美元的投资利润。

这样做既保全了投资者的本金，又使投资者从中获得了一笔丰厚的收益。这也是索罗斯投资成功的手段之一。

几乎市场上所有的投资者都希望自己能够在股票处于最低价时买入，在最高价时卖出，以此赚取一笔丰厚的利润。但是掌握最佳时机沽出股票并不是一件容易的事。

索罗斯说，投资者在投资过程中不应该狭隘地看待市场的波动和股价涨跌，更不能将思维局限在一个地方，而应该积极培养自己把握宏观经济的能力，以便保证自己对经济发展趋势始终保持足够的敏锐。这样才能按照自己的判断去寻找最佳的投资时机。

在实际的投资过程中，股票市场的形势总是不断变幻，这种极度不稳定会直接影响到投资者的情绪，最终使投资者的决策受到影响。

可以说，当市场突然出现跌势时，几乎所有投资者都会陷入恐惧和悲观状态，他们会对市场走势丧失信心，但是索罗斯认为这种混乱的局面，恰恰是少数明智的投资者的福音。

在索罗斯看来，当市场发展形势一片大好时，反而是危机来临前的征兆。他警告说，这时候投资者应该果断地沽出手中的股票，在股票价格下跌之后，再买进原先沽出的股票，将它保持在平仓状态，以赚取利润。

把握基金买卖的适宜时机

基金市场上，虽然很多投资者都知道逢低买进、逢高卖出的投资原则，但真正做到这一点却很难。因为人们常常把握不准买卖的时机，只是根据以往的经验来预测市场的发展趋势，以至于投资失误。

例如，如果投资者在市场低落的时候买入了激进型共同基金的股份，在市场高涨时投资了固定收入基金，那么大量的财富就会在手指间溜走。尤其是在市场出现混乱的时候，投资者更会觉得不知如何是好，难以下手。

那么，投资者如何才能够把握好基金买卖的时机呢？

作为一名聪明的投资者，不能根据以往的经验把握时机，而要从变幻莫测的投资市场中去把握。市场的运作虽然是非理性的，市价很多时候也并不能真实地反映基金发行公司的价值，但市场可以提供一个标准。投资者可以据此认识并发现自己的错误，从而及时做出相应的调整。

索罗斯认为，所投基金的价格是各种力量综合作用的结果，它随时都可能随着主流方向的变化而变化。只要造势推动这种积累达到临界点，形势就会发生逆转，投资者便可以在基金投资中获得良好的收益。

20世纪60年代，美国突然出现了很多高科技公司。这些公司为了获得最大利益，纷纷抢占先机，收购其他公司，甚至掀起了兼并联合的大潮。投资者高估了所合并公司的价值，索罗斯认为这些虚假的繁荣必将影响到联合公司的基金价格。

所以在确定股价持续高涨时，索罗斯设立了许多仓位卖出空头买进多头。快要到高峰时，便将手中的多头全部抛出，将抛售的所有资金转为空头，当颓势来临时取得了丰厚的收益。

索罗斯在投资市场上游刃有余，即使在市场最为晦暗的时期，他也能坚持信念，毫不动摇。

此外，索罗斯还告诉投资者，金融市场上没有定律，根本用不着按部就班地依照传统的定律进行操作。他将这种定律当作可以改变的游戏规则，认为投资者应该对事实进行仔细推敲，寻找漏洞，从而找到投资的突破口。

从长期投资角度看，短期的市场波动是完全可以忽略不计的。投资者不妨把重点放在“我有多少钱可以投资”“我可以投资多长时间”“我投资要达到什么样的回报”“我有多大的风险承受能力”“什么样的基金适合自己”等这些问题上。

为了准确把握买卖基金的最佳时机，索罗斯还主张在广泛阅读报纸和杂志的过程中，运用自己的哲学思想来形成自己的见解和判断。

信条12：虚实相生，激荡反射

市场走势不一定反映市场的本质，而是反映投资人对市场的预期。但是投资人往往是不理性的，因此更加剧了金融市场的不稳定性。

——乔治·索罗斯

凡事总是盛极而衰，重要的是认清趋势转变，要点在于找出转折点。

——乔治·索罗斯

“可错性”是索罗斯提出的有别于传统经济学理性假定的一个独特概念。索罗斯的全部哲学观和金融理念，都构筑在这一理论基础之上。在此基础上，他将思维的触角延伸到人与现实的关联上。

认识“可错性”理论

“可错性”理论是索罗斯理论体系的核心。对于“可错性”理论的重要性，索罗斯说：“可错性不仅是我世界观的基石，也是我所作所为的基石。”该理论认为，人类对于其置身的这个世界的认识，与生俱来就是不完整的，即人们的思维与客观事实之间永远存在着扭曲，世界上不可能有人掌握终极真理。

索罗斯认为，即使在自然科学研究中，要绝对把思维和事实区分开来也是不可能的，特别是在对社会现象的认识上。如果承认客观事实与我们对事实的认识之间永远存在着差距（扭曲），那么对这种差距及影响的认识将具有重要的意义。

索罗斯认为，人们的思考具有双重作用：一方面，在一定程度上被动地反映了思考活动所要寻求理解的事实；另一方面，思考的结果也会或多或少地成为事实本身的组成成分。因此对于人的认识来说，绝对反映客观事实的知识是不存在的。

索罗斯对“可错性”的认识来源于波普尔的思想。在波普尔的基础上，他进一步发展出“彻底可错性”理论。

索罗斯的“彻底可错性”理论可以明确表述为：“所有人类心灵的建构，不论建构局限在我们思维深处还是表现为各种学科、各种意识形态或各种体制，都是有缺陷的。”

这里所指的“有缺陷”，在索罗斯看来不是可能“可错”，而是肯定“可错”。他说，“彻底可错性”理论也许听起来让人很消极，很悲观，原因是我们都怀有幻想，渴求完美、永恒和终极真理。事实上，我们无法获得完美和不朽，只有死亡才是永恒的。

索罗斯强调，“彻底可错性”理论有其非常积极的一面，它打开了我们批判理性思维的大门，隐喻了我们对客观事实的认识有无限的空间，我们的思维或社会有无限改善和发展的余地。

“可错性理论鼓励我寻找每一个情境的缺陷，并在找到缺陷之后从中受益。”索罗斯说。

除了索罗斯，巴菲特、林奇等投资大师都坚信市场并非有效。巴菲特曾说过：“如果市场总是有效的，我会变成一个手持锡罐的街头流浪汉。”

巴菲特正是利用市场失效来赚钱的。所谓失效，就是企业的价值没有得到真实的传递。他可以借此找到被低估的上市公司。巴菲特假设大家暂时没有看到这家企业的价值，但是人都是聪明的，早晚会回归到理性。所以他买入并坚持，无论有什么波动都不为所动。他相信自己的眼光，相信市场此时是错误的，相信扭曲的价格必将得到纠正。而价格得到纠正的那一天，就是他的收获之时。

思维与现实之间的关联与反射

在“可错性”理论的支配下，索罗斯非常关注人的思维与现实之间存在的双向关联。

经过观察和分析，索罗斯认为：一方面，参与者思考的目的是期望能够了解、预知事件的未来状况，并根据这些预见、期望来采取行动，这可以称为“消极的”或“认知的”功能；另一方面，参与者的思维又同时发挥着实际的影响，即根据他们的预见、期望采取的行动，反过来又会影响、改变事件发展的过程和可能发生的未来状况，这可以称为“积极的”或“参与的”功能。

索罗斯提出，假如这两种功能同时发生作用，就形成了“反射”。“反射”是索罗斯投资哲学的核心概念，实际上也是其“可错性”理论的一种具体延伸。

索罗斯认为，通过这样的双向关联，参与者的思想与他们所处的境况、经历的事件相互影响、相互塑造，形成一种变幻不定的动态关系。

索罗斯相信，古典经济理论认为所有市场参与者都拥有完整资讯的假设是不正确的。因为在这种双向关联的不断循环、相互影响下，根本不可能有人掌握完整的资讯。何况投资者还会因为个人的原因影响到自己的想法，对市场的认知也会产生偏差，这些都会导致实际行动与想法存在差异。

概括起来，索罗斯市场反射理论的中心思想是：人们根本不能正确认识市场，总是存在偏见，要么看空，要么看多，因此市场没有均衡，只有波动，但价格的波动又会被人们的偏见左右，价格反过来又成为左右市场的基本因素。

根据反射理论，假如一个人在参与某一件事时又进行思考，那么他的处境就会变得迷茫，因为他所要了解的是他参与的那件事情。了解是一种被动过程，而参与是一种主动过程。这两种角色彼此干扰，彼此影响，使参与者不可能根据纯粹或完整的知识做出任何决定。

我们习惯把事情视为一连串的事实：一个事实接着另一个，永无休止。一旦某一事件中出现了具有思考能力的参与者，则事实与事实之间并不一定是可以直接衔接的。在这种处境中，事实首先和参与者的思考相接，然后参与者的思考又和别的事实相接。

索罗斯认为，如果我们要了解参与者扮演的角色，就必须先了解：参与者的思考不能仅仅局限于事实，他们还会考虑到其他人的思考。如此，就会出现诸多不确定因素，因为此时参与者的思考并不等于事实，却又可以影响到事实的发展。思考和事实不但不符，而且参与者的知觉和实际情况之间总会存在差距，参与者的盘算和实际结果也会有出入，这就是了解历史过程以及金融市场动力的关键所在。

索罗斯坚持认为传统经济理论应该从根本上进行反思，因为在经济活动中，有诸多的不确定因素至今仍未得到解释。他认为，社会科学永远不能像自然科学那样有肯定的结果，经济学自然也不例外。所以人们必须对自身的思考在影响事物上所扮演的角色彻底重新评估。

“错误观念和错误在人类事物上扮演的角色，一如变异在生物学里扮演的角色。”索罗斯用这一类比进行说明，这个类比非常形象。

信条 13：荣枯相生，趋势共振

请尝试给出一个未经精心构造的假设，它只会引导漫无目的的投资；如果你精心构造自己的假设，你将始终不断地取得超出市场平均水平的成就。

——乔治·索罗斯

经济学家对这个世界的运作方式欠缺实务上的理解，他们只做伟大而不现实的梦，只谈理想状况，并误以为这个世界很理性。

——乔治·索罗斯

在“反射理论”的基础之上，索罗斯又创立了“荣枯相生理论”。

索罗斯认为，金融市场有其自然的运行规律，但是由于市场参与者身处金融运行之内，很难客观地根据完整的信息做出判断，因而往往会出现决策偏差。这种偏差一旦形成市场合力，就会使金融行情大幅度偏离自然规律，愈演愈烈，造成市场大起（大落）。

但是这种状况不可能一直维持下去。市场参与者迟早会发现这种偏差，于是同样的合力又会朝反方向作用，造成市场大落（大起）。

这种如潮水般起伏的现象，索罗斯称为“荣枯相生”。这其实就是我们老祖宗所说的“物极必反，否极泰来”。

“荣枯相生”使得市场总是处于流动和不定的状态，给投资者提供了获利机遇。索罗斯指出：“投资之道其实就是在不稳定状态上押注，搜寻超出预期的发展趋势。”

“荣枯相生”不常发生

一般而言，“荣枯相生”现象并不会经常发生。但是一旦发生，就会对经济基本面产生巨大影响，具有很强的破坏力。索罗斯认为，只有当市场被“羊群效应”行为主导时，才有可能爆发“荣枯相生”现象。“羊群效应”是指人们在价格上涨时争相买进，在价格下跌时蜂拥卖出，从而形成一种自我推进与强化的共振效应。

单方面的“羊群效应”趋势共振行为，是市场剧烈波动的必要条件，但不是充分条件。只有当一个市场被这种共振行为主宰，才有可能发生“荣枯相生”现象。

究竟是什么导致了“羊群效应”趋势共振行为呢？

索罗斯认为是观念有缺陷的投资者。这些投资者的行动具有一定的盲目性，但可以使市场自身的趋势加强。市场因素越复杂，随波逐流于市场趋势的人越多，顺势的投机行为就会越频繁。一旦投资者被夸大的偏见左右，二者之间再相互作用，就会使投资者陷入狂躁的迷乱之中。趋势越强，偏见偏离真相越远，市场也就越脆弱，也越容易走向极端，直到推向极致之后反转，从而导致“荣枯相生”发生。

索罗斯认为，典型的“荣枯相生”有如下几个阶段。

1. 初始阶段。

这一时期，金融市场的未来发展趋势还没有完全确定，流行趋势和流行“偏见”彼此作用，互相补充。

2. 自我强化阶段。

此时，趋势被市场参与者确定，大家纷纷跟风。于是这种确定后的趋势会被加强，并开始自我强化。随着趋势加强和人们的“偏见”彼此促进，趋势变得越来越依赖“偏见”。由此，“偏见”的作用力被一步步放大。

3. 加速阶段。

在这段时期，“偏见”和趋势可能会重复受到外在震撼力量的冲击。如果它熬过了考验，那就表明它能经受住外界的冲击，从而更加强了它的可信度，变得更为强大，直到变成似乎无法动摇为止。

4. 考验阶段。

等到“偏见”和实际情况之间的差距变得很大时，就使市场参与者的“偏见”受到极度重视。这时会出现一个高点，这个高点就是考验阶段。

5. 停滞阶段。

此时，趋势已经形成惯性。在惯性的作用下，趋势继续维持。但是市场参与者对市场的看法已经不能起到推动作用，因而导致趋势走向平缓状态，甚至停滞不前。

6. 衰落阶段。

这时趋势更加依赖于偏见。因为对市场走势丧失信心，使得趋势本身不可避免地发生反转，发生逆转的点叫做临界点。相反的趋势会在相反的方向促成一种偏见的形成，从而导致一种灾难性加速状态出现，并促使市场走向崩溃。这就是崩盘的加速阶段。

值得注意的是，索罗斯指出：“枯荣相生”过程的走势并不是均匀对称的，刚开始的发展比较缓慢，后来才慢慢加速，达到顶峰状态后又开始走下坡路，最后才全面崩溃。只有等到事实真相完全暴露出来时，人们才会惊奇地发现：原来的发展趋势和“偏见”是多么地荒谬！

“疯狂炒作”乃市场常态

股票市场经常会发生的“疯狂炒作”现象，其具体表现是：一旦股价上涨，投资者竞相买进；一旦股价下跌，投资者又争相抛售。

不论是买进还是抛出，目的只有两个：赢得最大的收益，或尽量避免损失。投资者的出发点是对的，但在实际操作时却很难达到想要的效果。因为在投资策略和时机上，并不是每个人都能够把握好。

另一方面，也正是投资者们争相买进、疯狂抛售的短视行为，刺激了股市的动荡，引发了暴涨暴跌现象。不少投资者都是在这种股市狂潮中遭受了重大损失。

当股市进入暴涨暴跌阶段时，普通投资者很难看清趋势的走向。如果在这个时候盲目参与市场交易，会加剧混乱的程度。投资者此时应当冷静下来，看清股市变化的真相，及时跟进，适可而止。即使是在最混乱的时候，也要稳住阵脚。

索罗斯认为，虽然股市是混乱的，但投资者本人不能乱，要时刻保持冷静的思维，要学会乱中取胜。“作为投资家，我愿意看到暴涨暴跌现象发生，但在任何时候，我都表现得异常冷静，哪怕金额很高也是如此。”索罗斯在接受记者采访时这样说。

索罗斯还告诫他的合伙人：“当你的投资赚钱时，不要得意。股市还在继续变化之中，说不定在下一场交易中，会赔更多进去。同样，当你输钱的时候，更不能丧失理智，胡乱操作，否则就会雪上加霜，一败涂地。只有保持冷静，方能救你一命。”

投资者一旦失去了冷静和耐心，那么结果只有一个：连自己是怎么赔钱进去的都不知道。

信条 14：全景视野，局部猎杀

你必须在思想上洞察全球，了解此地发生的事情将会对其他地方产生什么影响。这样，你才能在任何一个地方的股市发生崩溃时，都因早已做好了投资准备而有钱可赚。

——乔治·索罗斯

索罗斯能控制这个让人眼花缭乱的世界，他甚至可以从发生在 A 地的事件中预料它在 B 地的影响。这就是他成功的秘诀。

——勒鲁（美国银行分析家）

有人曾这样形容索罗斯的影响力：索罗斯开口说话时，全球都得侧耳倾听。

研究索罗斯投资哲学的人，可以说多如牛毛，却很少有人能搞懂。索罗斯的第一本著作《金融炼金术》在中国销售了十几万册，书中语言晦涩，不少人高呼看不懂，读不下去。

看不懂，或许是高度上的差异。读不下去，或许与索罗斯的哲学思维有关。

索罗斯认为，人类无法完全彻底地理解事物，但尽最大可能地去理解事物还是有必要的。

用整体的观点去看待市场

采用整体的观点去思考、观察事物，可以帮助我们获得更为客观、公正的结论。这是索罗斯的哲学观之一。

和西方主流的分割论不同，索罗斯的哲学是整体观。所谓整体观，就是在观察、思考某一事物时，要把它放在其所处的大环境中，既要考虑到大环境对它的影响，又要考虑它在大环境中扮演的角色和所起的作用，而不是孤立地看待这个事物。如此，你才能对这个事物有一个较为客观的看法，不致于盲人摸象，以点代面。

能用整体观点思考和看待事物的人并不多。多数人习惯只看一点，或只从一个角度去观察，这样得出的结论自然是片面的。这种思想反映到投资市场上便是：许多投资者都乐于跟踪研究某一只股票或某一种商品，就股论股，不重视其他股票的影响，更别说结合多种因素来研究股票市场的行情变化了。结果是这些投资者在股票市场上只见树木，不见森林。

但索罗斯不同。他具有全球视野，是一个把握得住全局的人。他通常从世界政治、经济形势的层面来研究股市。这使得他能看清整个股市大势，能灵敏感知股市何时会发生突变。

“你必须在思想上洞察全球，了解此地发生的事情将会给其他地方带来什么影响。”索罗斯强调说，“这样，你才能在任何一个地方的股市发生崩溃时，都因早已做好了投资准备而有钱可赚。”正如纽约银行的分析家勒鲁所说：“索罗斯能控制这个让人眼花缭乱的世界，他甚至可以从发生在 A 地的事件中预料它在 B 地的影响。这就是他成功的秘诀所在。”

这也是索罗斯能够从英国、美国、日本和东南亚国家等世界范围内的金融、股票市场上赚取巨额利润的原因。

同时，索罗斯与世界各国政要人员保持来往，在一定程度上强化了他的整体观点。正如他所说：“某个政府官员的讲话或决策，会导致股市崩盘，从这一点你就应当明白事物之间联系的必然性。”

毫无疑问，整体观点将会使你的投资目光更加开阔、深远，使你的投资思维更加缜密、敏捷，使你的投资收益更加稳定、可观。

出击必须快准狠

索罗斯被世人称为“金融大鳄”。也就是说，他是金融界的鳄鱼，而且是大鳄鱼。

鳄鱼是一种年代久远的动物，被称为生物界的“活化石”。它们拥有进化程度极高的眼睛，其眼睛位置独特，即使整个脑袋位于水下，眼睛仍能凸出在水面上。它的眼睛具有极好的夜视能力，因为眼睛后面长着一个类似镜子的结构，有助于把眼睛没有吸收的光线反射回来。

鳄鱼最让人感到恐惧的是其猎杀时的快准狠。它擅长长时间静静地守候，眼睛始终关注外界情况，绝不懈怠。等猎物靠近，往往能在猎物还没有反应过来的时候，就已经将尖利的牙齿深深地刺进猎物的脖子。

称索罗斯为“金融大鳄”，真是实至名归。

2013年，对于对冲基金行业来说不是一个很好的年份，行业平均投资回报率远远跑输市场，但索罗斯的基金却异军突起。该基金在2013年创下55亿美元的投资回报，这一回报额也令量子捐助基金重登全球最赚钱的对冲基金冠军宝座。

在21世纪初，由于遭遇“互联网泡沫”而马失前蹄的量子基金（量子捐助基金的前身），从2009年宣布金融危机已经结束开始，在索罗斯的领导下，开始上演一轮又一轮的猎杀行动，并在2014年宣布猎杀大获全胜。量子捐助基金持仓的总市值已经从 2011 年第四季度的 45 亿美元，增长至 2013 年底的 118 亿美元。

回顾索罗斯在金融危机后所作的一系列具体投资操作，不得不令人赞叹他对于投资机会的敏锐眼光和坚决操作。

美国的证券交易委员会披露的量子捐助基金持仓报告显示，从 2011 年第一季度开始，索罗斯便开始对跟踪标普 500 指数的交易所交易基金进行做空，做空规模在第二季度末达到 5 亿美元。与此同时，他大幅增持拉尔夫劳伦、杰西潘尼百货公司等与美国消费密切相关的行业公司股票。

这段时期，正是欧债危机演化到最为深重的时期，希腊当时陷入破产危机的边缘。索罗斯认为欧债危机的恐慌会影响到美股市场，因而选择大举做空标普 500 指数。与此同时，美国的经济状况相对良好并依然处在稳步复苏的走势之中，因此他对美国消费类行业继续增持。

现实情况印证了索罗斯的判断。标普 500 指数在 2011 年第二季度和第三季度遭遇重创，最多下跌超过 300 点。这一情况一直延续到 2011 年底。

指数走出了一个明显的“W”型，这一机会再度被索罗斯敏锐地捕捉到。从第三季度开始，索罗斯逐步削减标普 500 指数的空仓。从量子捐助基金 2011 年 12 月 31 日的持仓报告中，可以看到 5 亿美元的空单已经削减至 1 亿美元。

同时，索罗斯预计科技行业将会迎来一轮上涨高潮，因此大幅增持了谷歌、摩托罗拉等科技公司的股票。

正是凭借着对时机的耐心守候与准确判断，以及出击的快准狠，索罗斯这条“大鳄”从低谷中走了出来，重新站在金融界的最高峰。

信条 15：价值重估，吹沙见金

寻觅黄金股，在于寻觅的本事，那是投资能力和水平的综合体现。

——乔治·索罗斯

内在价值虽然模糊难辨，但至关重要，它是评估投资和公司之间相对吸引力的唯一合理的标准。

——乔治·索罗斯

在投资时，把最差的股票变为金子，以最低的成本获取无数倍的收益，这是投资家们一生都在追求的梦想。

梦想是美好的，但现实很残酷。人们在进行判断时，往往不能够精确衡量标的物的真实价值，只会用一些看上去合理的标准来判断。因而梦想总是在天上飞，一旦落地就变成了破碎的肥皂泡。

垃圾股里有黄金

垃圾股里面并不全是真正的垃圾，其中也不乏黄金，只是它们被蒙上了一层尘土。一般来说，市场在各种因素的作用下，并不能非常精确地反映出目标企业的真实状况。例如，很多人为因素就会造成有价值的股票在一定时期内得不到充分的价格体现。

出现这样的局面后，新股民往往会把这类股票统统当作垃圾股，敬而远之。只有对投资市场非常熟悉，能够全面把握市场的规律和变化，能够洞悉目标企业的经营状况和产品开发前景的投资者，才能够慧眼识金。

在索罗斯的投资生涯中，有很多变“垃圾”为“黄金”的经典案例。索罗斯投资时，常常有很多人非常不理解、不认同他的举动，甚至有不少人讥笑他、鄙视他。因为他的投资目标在当时几乎不被看好，在市场上的表现也很不乐观。

20 世纪 70 年代初期，美国的粮食市场是一个很冷门的市场，几乎没有投资者去关心这个行业的企业股。跌落不升的股市让投资者对粮食企业股票的前景感到悲观，这类企业的股票逐渐成为市场上的垃圾股。

1972 年，索罗斯出人意料地大批购进粮食加工企业、农业设备企业、化肥生产企业的股票。不久，这类股票在政府的大力扶持下焕发生机。索罗斯大获全胜。

索罗斯是如何预知到这一行情的呢？

原来，索罗斯一直在跟踪粮食市场的变化。他发现气候变化异常会造成世界性粮食减产，未来的粮食危机会促进美国粮食的出口，政府很可能会扶持业绩好的粮食企业。

果不其然，在很多国家受到气候影响，粮食大量减产的情况下，美国立即采取措施加大出口量。美国的粮食企业受到政策的扶持，呈现出一片兴旺的景象。

在投资粮食股票大获全胜后不久，索罗斯再次做了一件被别人普遍认为昏了头的投资——捡拾当时的电子垃圾股。很多的投资家都不知道将已经沦为垃圾的电子股票捡起来能有什么用处，更看不出它会有什么发展前景。

索罗斯对这一次投资依然信心满满。因为他从中东战争中受到了启发：他看到美国支持的以色列军队被前苏联支持的叙利亚等国家的军队击败，其原因是缺乏电子对抗手段，导致火箭系统无法抗衡。之后，索罗斯通过深入了解，得知现代武器系统将会越来越依赖于电子元器件、人工智能系统和激光定位装置，军事对抗将转化成高科技竞赛。在这种情况下，美国国防部必将重视电子生产行业，加大对电子生产行业的投入，高科技电子企业股票也会顺势上涨。

事实再次印证了索罗斯的判断。不久之后，五角大楼的军事决策者为了保证军事上的绝对优势，开始大量采购电子设备和产品。电子行业开始走出低谷，逐渐兴盛起来。昔日的电子企业垃圾股转眼就成为市场上的香饽饽，股价节节攀升。

投资市场上的垃圾股是如何形成的？如何从垃圾股中发现“黄金股”？

当企业的产品与市场需要逐渐脱离，或者产品遭到市场的淘汰，抑或企业在经营管理等方面存在严重问题，导致企业的发展前景很不乐观……这些都可以促使企业股票沦为垃圾股。

面对这些垃圾股，梦想掘金的投资者需要具备一双慧眼，洞察行业先机，见人之所未见。索罗斯认为：只有领先于其他投资者发现市场的盲点，并找到垃圾股中的黄金股，才能够获得别人无法得到的超额利润。

寻找股票的内在价值

1960 年，索罗斯通过多方市场调研，结合自己的详细论证，决定投资德国联合保险公司的股票。当时，德国联合保险公司的股票连续受挫，股价一降再降，不受投资者的青睐。

但是索罗斯认为这只股票的真实价值和市场价格有着很大的差距，是一只潜力很大的股票，于是开始大量购入。后来的事实证明，索罗斯的判断是正确的，这只股票的价格涨了三倍之多。

索罗斯在寻找股票时，总是能够找到那些价格远远低于其内在价值的企业股票。更多的投资者却与此相反，他们以为自己买到了具有持续竞争优势的企业股票，可是却没有得到什么利润，为此他们迷惑不解。

索罗斯给出的答案是：这是因为他们没有对公司股票的内在价值进行正确的评估。

什么是公司股票的内在价值？从经济学的角度说，内在价值就是一家企业在其存续期间所有现金流量的贴现值，也就是公司未来的预期现金收入在今天应该值多少钱。这需要非常精细的计算，并且具有很大的不确定性。

索罗斯经常强调说，股票的内在价值虽然模糊难辨，但至关重要，它是评估投资的唯一合理标准。他强调："在很大程度上，内在价值只是一个估计值，它会随着利率的变化或者对未来现金流量的修正而变化。"但是，索罗斯依然将它作为评判股票的标准。他在购买股票前，都会对目标公司的价值进行评估。在确定了目标公司价值的大概范围之后，再将其与股票的市场价格进行比较，这样就能够看出公司价值与价格之间的差异，只在价格低于价值一定幅度时才买入，然后等待股票价格上扬。在股票价格接近或超过其价值时卖出，从而获得利润。

第一个提出股票价格与价值分离的是美国的帕拉特，他在 1903 年出版的《华尔街动态》中指出，理论上，股票价格与真实价值是一致的，但实际上两者差异颇大。他认为两者差异的现象并不限于股票，其他财产也有这种情形，只是股票比较特殊而已。就价格的形成而言，是由供需因素决定的，不见得就会与真实价值完全一致。而且除了形成股票价格的主要决定因素——真实价值之外，仍受许多其他因素的影响，诸如各种好坏消息、证券市场结构、股市人气、投资气氛等，加上许多参与进来的外行投资人形成的各种判断。

虽然帕拉特的分析理论尚缺乏“严谨性”，但这也正好印证了索罗斯的投资理念。正如索罗斯在投资德国联合保险公司案例上所看到的，股票的价格固然重要，但最终决定是否买进，还是要看该公司价值几何。即使该公司当前的股票价格很低，如果公司的价值不理想，那么也最好不要持有。相反，只要该公司的价值估算符合一定的投资要求，那么即使股价稍微偏高，这只股票也有长期持有的必要。

在价格和价值的判断中，往往要求投资者有敏锐独到的眼光。不能忽略两者之间的联系，因为价格始终是要以价值为中心的。但是也要时刻想着它们的差距，不能被市场上的价格蒙蔽双眼，忽略了企业的内在价值，因而错失投资良机。

如何考察企业盈利能力

索罗斯善于发现企业的内在价值，能够看到企业未来的成长性。他在寻找股票的时候，从不看重某一阶段股价的高低，而是分析企业未来的盈利能力。

索罗斯主要通过以下三个方面来考察目标企业的盈利能力。

1. 衡量目标企业的权益资本盈利能力。

索罗斯认为，衡量一家企业经营管理业绩的最佳标准，不是其每股收益水平，而是其权益资本收益率高低。较高的股东权益收益更能够代表股东的利益。所以欲了解一只股票的内在价值，除了要了解目标企业当前的获利能力，还要了解目标企业的政策是否兼顾到企业未来的获利能力。

2. 比较目标企业的产品盈利能力。

具体来说，就是将目标企业与同行其他企业的产品盈利能力作比较。在这一点上，很多投资者会更多地关注企业的营业收入。索罗斯的意见是：营业收入只有在造成利润的增加时才有价值，如果企业利润没有提高，其营业收入再怎样提高，也不具备投资价值。所以索罗斯欲投资一家公司，一定会考察公司的利润率。

利润率的含义是一家单位的营业收入含有多少营业利润。除了与本行业的其他企业作横向比较之外，还应该将该企业在不同年度的利润率放在一起比较，这样才能看出目标企业是否在不断改善产品、降低成本费用，从而更客观全面地考察企业的产品盈利能力。

3. 考察目标企业的留存收益盈利能力。

企业用来盈利的资本分为两部分：一部分是历史资本，一部分是留存收益形成的资本。一般而言，企业股票当前的市值是由历史资本创造的，而企业未来的市值增长主要反映在留存收益所能创造的价值上。

投资股票更多的是投资目标企业未来的价值。在索罗斯看来，通常情况下，目标企业利用 1 美元的留存收益，至少要创造出 1 美元的市场价值才算合格。

在考察目标企业的时候，索罗斯会对其留存收益的预期盈利能力进行详细研究和周密分析。在确定企业的留存收益增值超过通常投资所能获得的收益时，他才会进行投资。

信条 16：着迷于混乱，越乱越赚钱

在大多数人否认混乱的存在时，混乱已占了上风。认识、发现并利用市场特有的混乱，学会乱中取胜，这才是我取得成功的关键。

——乔治·索罗斯

金融市场天生就不稳定，国际金融市场更是如此。国际资金流动皆是有荣有枯，有多头也有空头。市场哪里乱哪里就可以赚到钱。辨识混乱，你就可以致富；越乱的局面，越是胆大心细的投资者有所表现的时候。

——乔治·索罗斯

与大多数投资经理人的思想不同，索罗斯始终坚信金融市场是没有理性可言的，并且是测不准的。他说，“着迷于混乱”是自己的生财之道。

混乱并不代表无从下手。混乱的局面对索罗斯来说不是危机，而是机遇，因为此时正是下探抄底、重分筹码的时候。

混乱在哪里，机遇就在哪里

索罗斯的一项非常重要的投资理念，就是“混乱即机遇，风险中总是有机会”。

索罗斯对金融市场拥有准确的判断力和独特的洞察力。当金融市场处于弱市时，他能保持淡定的心境，从不因为别人的看法或者观点而改变自己的操作。

很多投资者认为，股票价格是建立在一种逻辑之上的，只要理解这种逻辑，就能从中渔利。索罗斯并不认可这种观点，他认为金融世界是不确定的，变化无常的，充满了许多混乱的因素。只有理解混乱，看透混乱，才能让投资赚到钱。

索罗斯曾说：“股市是基于参与者的心理运作的，并非基于某种逻辑。由于参与者的心理无法保持前后一致和稳定，决定了市场必定会陷入混乱状态。”

索罗斯领悟混乱、利用混乱理论获利的典型案例，是其在 1993 年对英镑的成功狙击。当时他利用德国与欧洲其他诸国的经济矛盾，对包括英镑在内的各国货币进行了完美狙击，净赚 10 多亿美元。

虽然市场混乱是客观存在的，但它并不会表现得十分猛烈。只有到了一定时候，混乱才会充分爆发。

投资者应善于观察市场，及早发现市场有什么缺陷，表现在哪里？在什么样的条件下会引发混乱？其他投资者在何时易出现对市场的认知偏差？这种认知偏差会引发多大程度的混乱？

等你做好了充分准备，当混乱真的来临时，就可以迅速做出反应，抓住机遇，谋取暴利。

暴涨暴跌制造市场混乱

20 世纪 50 年代，二战结束后，美国房地产市场才得以恢复。

20 世纪 60 年代，索罗斯预测房地产市场仍然会有上升空间，因为人们在解决衣食问题之后，消费热点将会转向改善居住空间。因此人口相对集中的大城市将首先带动房地产升温，暴涨阶段不可避免。但这种上升并不会一直持续下去，当房地产市场饱和之后，暴涨阶段结束，随后转入暴跌阶段。

1974 年，随着美国股市低迷，房地产投资也变得过剩起来，美国房地产市场也开始了最大的一次崩溃。这个时候，市场趋势是下跌的，政府也开始着手出台政策“托市”。接下来是涨还是跌，可谓众说纷纭，“乱花渐欲迷人眼”，市场前景暧昧不明。

现在看来，1974 年至 1992 年，是美国房地产市场又一个上涨周期。这一周期的第二阶段因信贷宽松和房地产抵押贷款而大幅飙升。索罗斯抓住这个时机买入卖出，很快就赚取了 100 万美元。

资本市场是趋于平衡的，这是大多数投资者的信条，他们相信自己能够预测到将来发生的事，并且只要跟着市场潮流走，就能赚取大钱。

索罗斯不同，他认为：潜在的投机存在于暴涨暴跌的交替之中。在这种忽冷忽热的混乱中，往往隐藏着机遇。

索罗斯说：“市场越不稳定，越多的人被这种趋势影响；趋势投机的影响越大，市场形势就越不稳定。当一个趋势继续时，投机交易的重要性就越来越大。”市场哪里乱，哪里就可以赚到钱。辨识混乱，你就可能致富；越乱的局面，越是胆大心细的投资者有所表现的时候。

信条 17：相信运气，不如相信自己的研判

股市就是如此，你一不小心就可能倾家荡产，而在市场上最晦气的，就是投资者买到了令自己欣喜若狂的股票。

——乔治·索罗斯

如果你经营状况欠佳，那么第一步你要减少投入，但不收回资金。当你重新投入的时候，一开始投入数量要小。

——乔治·索罗斯

职业投资者与业余投资者的区别在于，前者是以判断力为基础做投资，后者则依赖运气、消息。从长期来看，前者注定跑赢后者，因为这是科学与愚昧的对决。

警惕令人欣喜若狂的股票

有一种投资者，是看到别人在股市上赚到钱，自己也心动了，然后四处打探消息，根据打听来的消息进行投资。你凭什么相信别人告诉你的消息就是真的？

不要相信别人，要相信自己的研判。真要投资某只股票，就应该做好基本的功课。索罗斯订了三十种业界杂志，也阅读一般性杂志，四处寻找可能有价值的社会或文化趋势。他博览群书的目的，就是要从资料中审视和寻找特殊之处，伺机切入市场。他很清楚，他必须把各种可能的信息输入脑子里，然后才能有凭有据地输出投资策略。单是阅读资料，索罗斯尚嫌不足，在他有了地位及影响力后，他常常通过亲自了解、实地勘查的方式，更深入地了解投资标的。

索罗斯认为，在投资过程中，失败并不可怕，很多时候失败也是一种财富，你可以从中学习到很多使你快速成长的经验和教训。真正可怕的是买到了不正常上涨的股票。因为投资者的双眼会被快速挣钱的假象蒙蔽，并将所有的希望都寄托在这些股票上。这种欣喜若狂的情绪，会使投资者遗忘股市的风险，放松警惕。

索罗斯说："对于投资者而言，再没有比买到令自己欣喜若狂的股票更糟糕的事情了。"

有的人可能会问："不是有投资者因为买到了这样的股票而一夜之间暴富吗?"不可否认，股市中存在这样的幸运儿，但是人所共知，"天上掉馅饼"的机会少之又少，并不是每一个投资者都能够如此幸运。

索罗斯认为，避免陷入这种误区的最好方法，就是要"彻底抛弃凭借投资股市一夜暴富的不切实际的幻想"，始终保持一颗平常心，镇定自如，处变不惊。当别人为了某只股票狂喜不已的时候，你要保持头脑清醒，不随波逐流。

股市是一个始终都在变化的世界，今天它可以让你兴奋不已，明天就可以让你捶胸顿足。如果你不能保持良好的心态，缺乏独立思考的精神，你的投资就很容易出现错误，即便是遵守投资规律也难有成效。

要知道，在股市中，真正能赚到钱的人只是少数，大多数人不过是今天赚了，明天又送回去。但是仍然有一些投资者相信"群众的眼睛是雪亮的"，喜欢跟风追股。即使自己的判断是正确的，也会被别人的选择所干扰，于是放弃了自己的判断，最后在股市大潮中被淹没。

索罗斯告诫投资者，要做好投资，就要脚踏实地，以平常心对待得失，不贪图一夜暴富，不为诱惑所动，不人云亦云，时刻保持清醒的自我思考。

股市不同于掷骰子

赌博靠的是运气。因为股票市场具有投机性特点，所以很多人把股市看作是赌场，认为股市投资就是一种赌博游戏，选中了好股就赚钱，选中了差股就赔钱。

粗略看上去，这种看法似乎有道理。在股市风平浪静时，投资者根据股价指数、股市评论、专家评估报告等判断股市的涨跌趋势，很有点像是赌场中的“押宝”，看中哪个押哪个，其实自己心中没什么把握。等到庄家一亮底牌，押中了的就赚钱，押不中就赔钱。只是看起来前者要比后者更公开、公正、公平一些。

在索罗斯的合伙人当中，就有把股市看作赌场的。20 世纪 80 年代初期，股票市场没有太大的起伏，索罗斯找到商品基金经理人维克多·尼德霍福。尼德霍福拥有一种在稳定环境中驾驭股市的能力，他精于随机漫步理论，把市场看成赌场，认为股市中人像赌客一样行动，只要研究赌客行为，就可以了解市场。

例如，赌场上的赌客在星期一和星期五的行为会不一样，同一天早上和下午的行为也不相同，如此不一而足。尼德霍福根据这个理论进行股票交易，经常能赚到小笔的钱。索罗斯把资金交给他管理，也创造了不错的投资报酬率。

“但是，他的方法有个缺陷，它只在毫无趋势的市场里有用。”索罗斯说，“如果来了一个历史性的趋势，一个大浪，就会让他受到很严重的伤害，因为他没有适当的预防机制。”

索罗斯认为，股市投资不同于掷骰子。在赌场上，掷骰子需要运气，骰子有六面，投中任何一面的概率都是1/6。股市投资则不同，这种投资不仅要关注股市本身的变化，更要关心股市之外政治、经济、行业发展、行情变化等因素。股市投资是一个十分复杂的过程，如果把这种投资看成是以运气取胜，完全是一种偏见。

他告诫投资者，在股市中，即使你是一个本钱不多的小投资者，也应科学地对待投资，运用自己的智慧而不是凭借运气去操作，否则会在股市波动时遭受灭顶之灾。

信条 18：选基金就是选人

很多年我都拒绝把它（投资）作为我的职业。它是达到目的的手段。现在，我很乐意去接受——事实上，这就是我一辈子的事业。

——乔治·索罗斯

我不愿意花很多时间和股票市场的人们在一起，我觉得他们讨厌，和知识分子在一起比和商人在一起感觉要舒服得多。

——乔治·索罗斯

量子基金是全球著名的大规模对冲基金，它既是索罗斯旗下经营的五个对冲基金之一，也是索罗斯展示其投资才华、获得惊人成就的重要平台。

量子基金的前身是由索罗斯一手创立的双鹰基金。1966年创立时，双鹰基金的资本额只有400万美元。1973年改名为“索罗斯基金”，资本额约1200万美元。1979年，索罗斯将公司更名为“量子基金”。2000年，索罗斯因投资失误，关闭了量子基金，将部分资金转入新成立的“量子捐助基金”。

在海外，凡是当年购买了索罗斯、巴菲特或彼得·林奇等明星经理旗下基金的投资者，想不赚钱都难。换句话说，选基金就是挑选基金经理。

优秀基金经理必备的三种素质

选基金，其实就是选择基金经理。因此，投资者在选择一种基金前，一定要对基金经理人各方面的情况作详细的了解。综合索罗斯与其他投资大师的看法，优秀基金经理人应该具备以下三种素质。

1. 要有可追踪的、稳定的业绩记录。

投资者在选择基金经理人时，不要只看到其眼前的业绩，还应该多了解基金经理人过去的业绩。通过这些信息，判断该基金经理管理基金是否稳定，对市场的判断是否准确。

拥有长期的、持续的、稳定的业绩的基金经理，才是值得信任的基金经理。

2. 热爱投资管理工作。

表面上看，基金经理的工作很“高大上”，在市场上呼风唤雨，巨量资金玩于股掌之间。实质上，他们的工作非常枯燥乏味。大量的时间都耗费在分析研究资料之中，为各种不确定因素制定预案，并且承受巨大的精神压力……

必须热爱这份工作，才能在这样的环境中坚持下来。索罗斯曾经说过：“很多年我都拒绝把它（投资）作为我的职业。它是我达到目的的手段，现在，我很乐意去接受——事实上，这就是我一辈子的事业。”一个基金经理惟有发自内心地热爱本职工作，才能够在工作中激发自己的激情，发挥自己的主观能动性。这些是基金获得可观收益率的保障。

3. 要有自我进化的能力。

不难发现，一些优秀的公募或私募基金经理在管理规模小的基金时，业绩非常稳定，收益率高。随着名声的远播，其管理的资金规模越来越大，大到几十亿，但是业绩却急剧下滑。这是什么原因呢？

因为管理小额资金和管理大额资金的投资策略是不同的。资金规模变了，策略就必须相应改变。对于基金经理来说，要放弃已经获得成功的投资模式，重新学习和掌握新的投资策略，是一个巨大挑战。因此，在选择基金经理时，要了解他以往的管理的基金规模以及收益，进而判断他在面临资金规模变化时是否具备自我进化能力。

选择基金的四个建议

索罗斯建议基金投资者最好是根据自身的风险承受能力、收益特征和生命周期来选择合适的基金品种。例如，对于一个家庭而言，当投资基金的这笔钱是准备用于购房、养老、医疗、子女教育等安全性要求较高的项目时，就应当避免投资风险较高的品种。

具体来说，投资基金需从以下几方面进行考量：

1. 选择适合自己的投资方式。

投资基金的方式大致分为两种，即定期定量与一次性购买。这两种投资方式都有其各自的优劣，投资者应根据自身需要、风险承受能力、预计支付的投资金额以及市场的发展状况，来确定合适的投资方式。

如果不能准确判断出当前市场的趋势，投资者可以运用定期定量的投资方式。如果能够判断出市场正处于上升趋势，便可以运用一次买进的方式。此外，也可以将这两种投资方式结合起来使用。

无论投资者最终选择了哪一种投资方式，都应该对其进行定期的分析和调查，以避免错失最佳的获利或止损机会。

2. 选择适合自己的基金品种。

在选择基金产品时，如果只是从其产品绩效、风险大小以及费率来考虑的话，是无法做出正确选择的。因为每一种基金都有其不同的投资定位，有的是以稳定的收益为目标，有的是以价格迅速上涨为目标。对于投资者而言，在投资之前要对自己的投资目标、资金规划、风险承受能力进行准确定位，然后根据基金的投资定位来选择最适合自己的基金品种。

举例来说，如果你是属于典型的保守型投资者，每当市场处于混乱状态，夜晚便无法安然入睡，那么在资产配置当中，你应该将稳定收益类的基金产品作为主要的选择对象，其占有比重应该较大一些。

3. 结合市场变化趋势选择基金品种。

在选择基金品种时，投资者也应该分清市场盛衰循环的过程，即市场回升期、市场扩张期、市场高涨期和市场衰退期。不同种类的基金在每个阶段当中会有不同的表现，因而投资者应当结合市场盛衰循环的状况对自己的投资组合进行适当调整。如果当时的市场正处于衰退期，投资者可以将债券基金、货币基金等一些低风险基金的比重提高；如果市场处于复苏期的话，则可以提高股票基金的投资比重。

4. 选择美誉度较高的基金公司。

美誉度指的一个组织获得公众信任、好感、接纳和欢迎的程度，是评价组织声誉好坏的社会指标。美誉度不等于知名度，美誉度侧重于“质”的评价，即组织的社会影响的美丑、好坏。

一家公司的美誉度很难在较短时间内建立起来。所以，反映在外的美誉，就成为了衡量基金公司的标杆。美誉度高的基金公司非常注重对信誉的维护，大多会以投资者的最大收益作为优先考虑的因素，因而其内控机制相对完善，产品线也相对丰富，并且其所发行的基金绩效也不错，服务质量较好。在选择好基金品种后，将资金托付给美誉度高的基金公司来管理，是做出正确投资的重要一步。

选择基金时的五条准则

投资者在选择基金时，可结合以下五条原则考虑：

1. 不要好高骛远。

许多投资者为了追逐所谓的最好基金而不断地“倒手”。要知道，一只基金即使今年能够取得高收益，来年也不一定能够保持得住。你追那只表现最好的，更大的可能是踩错节拍。

2. 并不是收益率超过市场平均水平才是好基金。

有些聪明的投资者会选择接近平均收益率、有收益保障的基金，其中指数基金就是代表性的商品。究其原因，主要是因为运作指数基金不用进行主动的投资，投资者基本上不需要对基金的表现进行持续的监控。

3. 看过去的业绩而不只是现在的业绩。

大凡基金都有自己的身价证明，即过去一段时间的业绩发展线，投资者可以从中得出很多信息。例如，为你服务的那位基金经理是否就是过去创造良好业绩的那位，你所要购买的基金每年的回报率偏差有多大，等等。我们举个例子：A 基金前年取得了 30% 的回报率，但去年的收益率迅速缩水为 10%，B 基金前年取得了 22% 的收益率，去年的收益率为 18%。这时，你显然应选择 B 基金而不是 A 基金。因为从长远眼光来看，买 A 基金只有在运气好的情况下才能获得好收益，而 B 基金则能给你带来更加稳定的收益。

4. 不要轻信基金代理人。

基金代理人是根据销售额来获得佣金的，所以他们向投资者推荐基金的时候，首先考虑的是自己和公司的利益，并不会真正为投资者着想。在跟基金代理人见面时，投资者要仔细了解可能购入的所有基金品种的情况，并且最好让对方提供与其推荐的基金相似的其他基金的信息，从而尽可能地搜集更多的资料以供参考。这样可以避免陷入基金代理人的利益圈套中去。

5. 长期考虑，不要选择债券和股票混合型基金。

如果是做长期投资，最好选择单纯的股票型基金。通常，股票的收益率要比债券的收益率高很多。从长远来看，股票型基金相对能让你获得更多的收益。

基金买入重在择势

如果能精准地判断某种基金的未来走势，再因势利导，就能在市场转折发生时大获全胜。

索罗斯对基金买卖时机的准确把握与他的投资理论有关。他建立的反射理论，使他能够更快地看清市场，并有效地判断出市场是处于上升期还是下降期。有了对市场的此种把握，即使索罗斯的预判出错，也可以将损失降至最低。

判断市场趋势对投资基金十分重要。换句话说：基金买入重在择势。投资者在操作时，可结合以下三种方式：

第一种是随宏观经济形势而操作。投资者应关注国民生产总值、消费者物价指数、工业增加值等宏观经济指标，据此判断出当前的经济状况，了解政府的未来货币政策动向，进而选择购买何种基金。

第二种是依市场行情而操作。当市场行情处于上涨阶段时，应买进股票型基金，及时追逐强势基金，抛掉业绩差的弱势基金。当市场行情处于下跌阶段时，应以规避风险为主，重点选择债券型或保本型基金。当市场行情处于探底反弹阶段时，应适量增加指数型基金，以在市场转折时获取收益。

第三种是“逆向思维”操作。如果判断宏观经济处于什么位置比较困难，则可采用“逆向思维”操作。如当某一种基金募集额度一路飙升，全面追涨时，即说明市场有过热的嫌疑。此时你应该朝反向跑，及时获利了结。而当市场进入平淡期，募集困难时，则说明市场即将进入反弹期。此时的建仓成本普遍较低，只要选择得当，也是有较大获利机会的。

信条 19：借力杠杆，保持警惕

对冲基金这种循环抵押的借贷方式不断放大了杠杆效应，用这支杠杆，找好支点，它甚至可以撬动整个国际货币体系。

——乔治·索罗斯

在投资过程中，我会把自己的每一根神经都调动起来，为我谋取更多的利益。

——乔治·索罗斯

在全球顶尖投资大师当中，索罗斯称得上是最善于利用杠杆原理的投资家。他刚刚成立双鹰基金的时候，手上仅有 400 万美元的资金。如果仅仅依靠这点资金进行常规操作，他不可能在短时间内取得如此辉煌成就。

当然，杠杆在放大资本与收益的同时，也放大了风险。而索罗斯最难得的是：不仅善于利用杠杆原理投资，同时也善于将投资风险控制到最低。他是怎么做到的？

借助杠杆原理扩充资本

在生活中，杠杆的应用无处不在。在投资领域，利用杠杆的人也不少。索罗斯的对冲基金就是利用杠杆，撬动了整个金融投资界。

对冲基金也称避险基金或套利基金，主要从事套头交易方面的业务。实际上，就是在多、空两方进行投资。这种操作手法最主要的目的是为了防范风险。但是它可以通过对低估证券的多头和高估证券的空头进行操作，利用期权等一些衍生品工具，迅速将资本效应扩大好多倍。而且还能运用低比例的资本进行大笔的多空操作。

为了说明杠杆原理在对冲基金中的作用，我们来看下面这个例子：

假设某家企业当前的股票价格为每股 30 美元，预计在月末时会上升为每股 34 美元。如果采用传统的购买方式，需要支付 30 美元买进该企业的股票，然后到月末时，再以 34 美元的价格抛售。投资者用 30 美元的成本赚取了 4 美元的利润，其投资回报率为 13.3%。如果采用期权的购买方式，就能够以每股 1 美元的保证金买入 30 美元的认购期权，到月末股价上涨为 34 美元后，虽然账面利润值依然为 4 美元，但是 4 美元的利润实际上却是用 1 美元的成本赚得的，其投资回报率为 400%。投入 30 美元，在这一个月当中，所能赚取的利润高达 120 美元。

对于大部分投资来说，借贷的杠杆作用并不大。但对冲基金就不同了，它可以循环抵押。它可以将已有资本作为抵押向银行贷款，再将借贷来的资金买进新的证券资产，然后又将新购进的证券资产作为抵押向银行获得新的贷款，反复投资。

借助这种不断循环的融资手段，可以使投资者的自有资本迅速放大，解决了因为资本有限而无法进行大规模投资的难题。索罗斯就是利用对冲基金循环抵押的杠杆原理，使其自有资本扩大了无数倍。他常常能够以较小的资金进行大规模的投资，使市场陷入混乱之中，趁乱赚取高额收益。

在购买股票时，索罗斯不需要支付全部的资金，通常只需支付 4%，剩下的 96% 则以向银行借贷的方式支付。购买债券时，他会支付更小比例的现金，有时仅需要支付债券价值总额的 3% 就可以了。通过这样的操作手段，400 万美元的资本可以进行 8000 万美元的投资。因为有了杠杆放大效应，索罗斯几乎每一次大的投资获得的收益，都能超过他投入的本金。没用多久，索罗斯的双鹰基金就迅速壮大，成为引人侧目的一匹“黑马”。

在连续投资成功之后，索罗斯的操作手法受到越来越多的投资者关注。他旗下的对冲基金规模开始逐步扩大，他甚至可以在一天之内调动上千亿美元的资金。相较而言，各个国家中央银行用于干预市场的百十亿美元，几乎不值一提。

保持高度的警觉

“任何时候都要保持高度的警觉。”这不但是索罗斯给所有投资者的忠告，也是他用来不断警示自己的座右铭。

金融投资关系到钱财问题，一不小心，一夜之间就会变得一无所有。即使日后想东山再起，也是巧妇难为无米之炊。

索罗斯始终牢记一点：市场是有风险的，即使看起来非常平静，底下也往往是暗流汹涌。在他看来，金融投资市场永远充满变数，要想在风险来临之前及时规避，需要密切关注市场的变化。

进行金融投资时，索罗斯总是十分警觉。他会留心重要人物的讲话，并以高度的敏感性和周密性去分析他们的语言和行动，了解他们的决策，并分析这种决策可能会对市场造成的影响。此外，索罗斯还会留意自身的缺点，不断提高自己的投资素养，让自己的投资更安全。

在索罗斯看来，有些投资者之所以功亏一篑，不是因为他们不够聪明，也不是因为他们欠缺判断能力，而是因为他们没有保持足够的警觉性。也许他们之前的判断是正确的，但之后由于骄傲轻敌，在自以为是中一脚踏空，跌入万丈深渊。

投资者在市场跌宕起伏时会特别小心，并及时调整投资策略。但是当市场处于平稳状态时，他们容易失去警觉性，在机会或者风险出现时丧失感知能力。还有一些投资者初涉投资市场时警觉性很高，对一些市场变化判断很准确。但是久而久之，他们逐渐丧失了警觉性，盲目跟风或坐等收益，等到灾难来临时才后悔不已。

索罗斯不会因为市场平静而变得麻木，“警觉”是他时刻保持的职业态度。

1993 年初，索罗斯把投资目光转向了黄金市场。他认为黄金价格将会持续攀升，比股票、房地产、债券更具有投资价值。于是量子基金以每盎司 345 美元的价格购入了价值 200 万 ~300 万美元的黄金。与此同时，他还在一个黄金矿业公司投资了 4 亿美元。

当他的投资踪迹被其他股票投资商发现后，市场上出现了空前的跟风大潮。黄金价格扶摇直上，一盎司黄金在一天内上涨了 5 美元，并且在短期内没有下跌的迹象。

截至当年夏天，黄金价格又创新高，在两个星期之内一下子涨到 400 美元一盎司。此时索罗斯在黄金价格一路飙升中看到黄金的上涨空间已经趋向饱和，于是他在获得高额利润之后，悄然抽身隐退。

1993 年 8 月 15 日，伦敦《星期六时报》对此作了专门报道，称索罗斯以每盎司 385 ~395 美元的价格抛售了他所持有的全部黄金。

受此消息影响，金价开始急剧下跌。索罗斯成功地完成了这轮投资，而其他投资者却错失了最好的退场时机。

在进行投资的时候，要把主要精力花在对时机的把握上。其实很多时候，市场给出的信号是非常明确的，只不过投资者对之视而不见，或者陷入了某种思维定式，最终使得市场信号淹没在情绪的海洋之中。

信条 20：于险中求财，在刀口舔血

股市是非常刺激的，你要想获得更大的盈利，就要冒更大的风险，敢于冒险也是投资者必备的素质。

——乔治·索罗斯

金融投资市场往往充满了风险，投资者要想赢得高额利润，就必须承担较大的风险。如果不勇于冒险，就有可能错过许多成功的机遇。

——乔治·索罗斯

索罗斯认为，敢于冒险才能够享受超额的投资回报。但敢于冒险并不等于盲目胆大，索罗斯在冒险之前，都会对风险进行仔细评估，同时做好各种应急预案。

众人都知道索罗斯以豪赌闻名于世，但鲜有人知道每次下重注之前，他都会先用小资金反复试探市场。

猎寻风险，狙击漏洞

索罗斯的很多投资经历让人感到胆颤心惊，比如他狙击英镑、扫荡东南亚、出击中国香港……都显现出一个超级冒险家的做派。

索罗斯之所以如此热衷并擅长冒险，与他的成长经历有关。作为犹太人的他，曾经饱受二战时种族灭绝的威胁，全家人长期置身于危险之中。在纳粹的眼皮底下求生存的体验，让他深深地感受到冒险是生存的必需条件和手段。这一切造就了索罗斯的投资信条之一——不怕冒险。不过，索罗斯还坚持另外一条：绝不能冒丢掉生命的危险，并且要排除毁灭性的冒险。

对索罗斯而言，正是股市中的巨大风险，给他带来了强烈的刺激，而他享受这种感觉。越是大风大浪的地方，对索罗斯越有吸引力。他醉心于多数投资者不喜欢的高风险投资，喜欢在刀光剑影中杀开一条血路。

研究索罗斯的投资纪录，可以让我们对他大胆的投资风格有更深刻的了解。当他看准一个有利的投资时机时，敢于把整个量子基金80%的现金投入其中，甚至还向外大量借款。这种气度是不可想像的，在世界级投资大师中也不多见。

1992年，索罗斯看准投资机会，大量购买德国马克。他不但投入了量子基金的10亿美元，还大举借债来投资。巨大的风险令整个量子基金的人几乎窒息，但索罗斯冷静从容，举重若轻。几番攻守大战之后，他就将15亿美元的利润收入囊中。

外人眼里的惊天豪赌，在索罗斯心中却是等闲之事。别人认为是冒险的东西，他并不觉得恐怖。针对风险问题，索罗斯在与一些投资人对话时曾说："证券经营是一种最残酷无情的事业，没有人知道它的好景会有多长。历史证明所有的经营者都将最终退出，我也不例外。"

敢于冒险不等于轻易冒险

索罗斯有句名言在金融市场上流传很广，并受到很多投资人的追捧。他说："在非常时期，要想活下去，就要机智胆大，不能够老想着会不会被人揭穿秘密，也不要总想着自己会不会被处死，而是要坦然地面对现实；在特殊时期，谁机智大胆，谁就能够活下去。"

如果你以为索罗斯仅仅是一个敢于冒险的人，那就大错特错了。他认为：承担风险无可指责，但不要去做孤注一掷的冒险家。

索罗斯历来视“留得青山在，不怕没柴烧”为其神圣定律之一，并看成是自己成功的重要保障。他从不玩走钢丝的杂技，他具有作为一个投资家必备的自我保护意识和能力。在机会来临时，他敢于在保证自身安全的前提下冒最大的风险。当危险接近时，他宁可损失部分资金也要及时退出战场，保存实力，以便把握下一次机会。

在索罗斯的理论体系中，有一个理论适用于他的冒险投资行为，那就是：与矛盾共生。索罗斯清楚，股市有众多因素影响着它的发展，股市也是很多因素共同起作用的复合体。在不同的情况下，需要采取不同的交易形式。情况变化了，交易方式也会随之变化。在出现新情况时，有时要用相反的方法才能够解决问题。深知金融市场“测不准”，明知其中“矛盾共生”，因此索罗斯不会冒毁灭性危险去投资。

索罗斯告诫投资者，要学会以退为进，不能失去理智。他的每一次冒险都充分考虑安全因素。有很多次，索罗斯在投资进行到一半时，发现难以达到预期目标，就及时撤出了资金。这样即使损失一部分资金，但还是最大限度地保存了实力。

总之，果敢的冒险精神，睿智的冒险思路，再加上一双颇具洞察力的“鹰眼”，使索罗斯成为一个战绩显赫的冒险投资家。

最大的风险来自于贪婪

哲人有云：贪婪是最真实的贫穷。这句话主要是从心理感受上来阐述的，一个贪婪的人，永远会觉得自己所拥有的还不够多，因而在心理上处于真实的贫穷之中。

这句话放到金融投资市场之中，仍然是成立的，只是这种真实的贫穷会更加具象，会直接体现在财富缩水之上。这是一种“更真实的贫穷”。

金融市场中，最大的风险恐怕就是人性的贪婪了。因为人们急功近利，想要获得更多，被诸多不切实际的幻想所支配。投资时被主观情绪所支配，势必看不清客观现实，只好一厢情愿地找各种理由以证明自己是对的。当买入是对的时候，他的情绪会放大，滋生骄意，贪婪显露无疑，继而失去理性。当买入是错的时候，刚开始是不会认错的，心中充满幻想，最后会坚持不住，对无法预知的未来感到害怕，错误和恐惧折磨着他，新的暴利机会又在诱惑着他，于是可能在最不应该卖出股票时断然割肉。

包括索罗斯在内的顶级投资大师们一致认为，成功的投资人必须能够控制自己的贪念，并且专注于投资过程。

以股市为例，如果留心那些贪心的投资者，你会发现他们身上有一些共性：

1. 原来我可以要更多、更快。

例如，在一个季度的开始，你的理财计划定为10%的投资收益率。但在看到股市大涨后，你认为自己定的目标太低了，于是立刻调整目标为30%的获利。这时，人往往容易把原先的专业判断抛在脑后。

2. 原来认为是高风险的投资，现在看来却是小事一桩。

在进入股市后，或许有人向你表示过：某创业板股票风险太高。这时你可能会认为颇有道理。但炒着炒着，却发现这些所谓的“高风险”股票逐渐消失了，一切都越看越安全，越看越美好。这个念头的产生，其实是有恃无恐的一种表现。在股市中时间长了，觉得自己已经拥有了足够的能力去控制风险。其实不然，面对变幻的股市，无论何时，都要树立起新人的姿态，任何时期都要为自己留有余地。

3. 确信“这次肯定会不一样”。

不管你有多么理智，不管你曾经研究过历史上多少股市泡沫惨案。当你周围的环境一片大好时，你会很自然地告诉自己：“这次肯定会不一样。”于是，在这种极不理智的思想支配下，你会渐渐抛弃之前选股时的细心谨慎，转向一种高风险的操作。孰不知，你正在一步步迈向危险的深渊。

上述三种贪心具有相当的代表性。如果你发觉自己出现了以上情况，那么是时候为自己泼一盆冷水，然后采取“反贪念”行动了。

那么，该采取怎样的策略来“反贪念”呢？

第一，时刻提醒自己：对于股市中的获利，只要合理就好，不必追求最多。

第二，严格按照原先理性的投资计划进行，到了止损点及止盈点，该出手时就出手，不在事后去纠结“如果”。

第三，结交头脑冷静、思维理智的股友。如果你发现自己意志不够坚定，容易受他人影响的话，那么不妨结交几个思维和理念相对理性的优质股友，以帮助自己克服贪念。

信条21：
如果无事可做，那就什么都别做

如果你不懂它，那就别碰它。

——巴菲特

我之所以投资它，是因为它符合我投资的标准。

——乔治·索罗斯

无为，说起来容易，做起来难。

索罗斯常常同工作人员提起巴菲特的故事。1955 年，巴菲特解散了自己庞大的合伙企业，远离了市场。从事股票投资的巴菲特公开表示说，自己已经无事可做了。当时美国股市正热火朝天，科技股、电子股都在大幅度升值。但是巴菲特认为，市场上的股票价格已经远远高于其内在价值，因此他坚持作壁上观，并警告其他人一定要远离市场。

事实证明，巴菲特的决定不但为自己保存了实力，还保护了很多投资人的利益。索罗斯非常赞同巴菲特的这个做法。他常常挂在嘴边上的一句话就是：如果你感觉无事可做，那就最好什么都别做。

无为而无不为

凡称得上凶猛的肉食动物，都珍惜体力如金。它们会如幽灵一样潜行、游荡，但绝不会贸然出击。在追逐猎物时，更是死盯一只，狂追到底，绝不会这只追追，那只赶赶。

亿万年的进化，让这些凶猛的肉食动物明白了一个道理：不要轻举妄动，不要朝三暮四。

股市上嗜血的大鳄、鲨鱼们亦是如此。索罗斯就是一个典型，他有足够的定力等候机会，也有足够的专注力紧盯机会。

索罗斯的工作方式十分独特，他每周平均工作时间不足一天半，大部分时间用于休假和娱乐。他认为，投资者并不需要时时刻刻盯着股市。

股市投资的实际情况通常表现为两种情况：

一是整体稳定时期的短暂变动。这时候的波动是短暂的，一般不会影响股市发展的总趋势。投资者要保持良好的心态，不能看到一些变化就急于出手。

二是股市行情发生变化时的短期波动。这种变化才需要留意，并根据情况及时调整投资战略。

股市多动症是病，得治

与索罗斯相反的，是那些患有“股市多动症”的股民，这些股民有一些共同的特征：从开盘到收盘，两眼直勾勾地盯着屏幕，生怕指数会溜走似的；总是不停地下单，手里的股票很难持有一个礼拜；嘴上总是挂着各种技术语言，诸如趋势、K 线、ABC 浪、头肩型等。

罗先生也算是一个资深股民了，谈起股市来头头是道，操作起来也让人眼花缭乱，可就是挣不到钱。哪怕是在 2007 年那波大牛市中，他也只是捡了几块破铜烂铁。这还不算完，当 2008 年大熊市到来的时候，他不但把原先捡的破铜烂铁都赔进去了，而且连老本也损失了一半。

还别笑罗先生，这样的小股民多得很。他们天天看盘，被盘面不断跳跃的数字挑逗着下单的欲望。一个个在股海里扑腾得厉害，就是吃不到肉，运气好的时候也不过喝点肉汤而已。他们总是时不时地唉声叹气，连脾气也变得和股指一样，红了就开心，绿了就生气。

实际上，“罗先生们”就是得了股市多动症。这是病，得治。不治，牛市不赚钱，熊市狂赔钱，要多惨有多惨！

怎么判断一个人是否患有股市多动症？

很简单，用市场总流通市值除以一个月合计成交数额，再与自己的操作频率相比。例如：市场总流通市值 20 万亿元，一个月合计成交 2 万亿元，相当于一个月换手 10%，如果你的操作频率大于这个平均水平，就可以确认患上了此病。超过得不多，算是轻度；超过得较多，算是中度；超过了很多，则是重度。

为什么股民会患股市多动症？

经济学家通过对投资者的投资决策和结果进行研究，发现许多投资者本质上存在认知能力不足、情绪化以及盲从等弱点，这些弱点导致了股市多动症。

股市多动症对投资者来讲有百害而无一利，其危害至少体现在以下三个方面：

1. 增加了投资成本。

尽管单笔买卖的成本不算高，千分之一的印花税加上万分之几的佣金。一般来讲，只要有千分之五的上升空间，扣除这些费用之后还能产生盈利。孤立地看，这点交易成本不算太高。但问题就出在“多动症”上。今日千分之几，明日千分之几，进进出出几十次、几百次，就是一个很大的数目了。

买卖越多，对税收的贡献越多，对证券公司的功劳越大，而自己的交易成本也因此大大提高。

2. 增加了犯错的机会。

是不是一个人总是保持50%的胜率（假设涨跌幅度与投资数额一样），就能保证投资持平呢？

答案是否定的。证券投资是一项赢输不对称的博弈。不考虑复利因素，10元的股票跌50%，就只有5元了；这只5元的股票涨50%，才7.5元——没有回本。10元的股票涨50%，就有了15元；但再跌50%，就只剩下7.5元——不够本钱了。所以同样的涨跌幅度，造成的结果是不同的。

既然赢输不对称，频繁交易带来的危害就十分可怕了。交易越是频繁，出错的可能性就越大，而一个错不是一个对所能够弥补的。就算每一笔买卖赢输的概率是相等的，假定各为50%，输1单要赢约1.5单才能补回来。交易次数越多，错的绝对数越多，同时也需要更多的正确来弥补。

3. 分散了精力。

身患多动症的人，精力总是难以集中。股市多动症患者也是如此，频繁交易的前提是你要盯住盘面的每一个细节，不仅是大盘的，还有热点的，更有个股的。此时，你根本无暇专心思考大的发展方向，对目标股票的基本面也无法专心研究。

这个世界上没有超人。在股票市场上混，如果不去深入研究公司的基本面，总是会遇到鬼。索罗斯认为：股票价格反映了公司的基本价值，同时在短期内也掺杂了投资者的情绪，任何一个宏观因素变动、行业或者公司消息传出，都可以让股价发生变动。这些变动通常无迹可寻，用一个术语来说，那就是具有一定的随机性。如同一个喝酒喝多了的人走路一样，你根本不知道他下一步会往哪走。试图借助K线图或者波浪图来发现股价变动的规律，基本上都是事后诸葛亮。

要治好股市多动症，可以从以下三个方面着手：

第一，犹豫不决时不要轻易下单。炒股是跟风险打交道的事业，当然没有绝对可靠的时候，但追求相对较高的把握依然非常重要。从理论上讲，1笔输单约需要1.5笔赢单才能打平，所以没有75%的把握是绝对不能下单的。无论买进还是卖出，没有七八成的把握，都不要下单。

第二，没有足够的空间不要轻易进场。有些新股民把股市当成菜场，进去赚一毛两毛，有了今天的菜钱就满足了。这种想法听上去很天真，你今天赚点小钱买菜，明天又赚点小钱买米，后天一亏也许就是一头猪、一头牛！一般来讲，做短线没有3%的盈利空间，根本没必要进场。做中线没有30%的升幅潜力，也应当放弃。至于做长线的话，50%甚至更高的期望才值得我们下单进场。

第三，完美的投资是一单买进，一单卖出。作为最完美的投资，当然是最低价一单买进，最高价一单卖出。尽管实际上做到这一点的可能性很小，但有必要将其作为一个追求的目标。只有不断朝这个目标无限接近，才能使你的投资行为更加完美。那种分批买进、分批卖出、滚动操作、摊低成本的做法，看上去很美，但跟完美投资是背道而驰的。

信条22：断臂求生，“剩”者为王

学会死里逃生。在失败的时候最快地逃离也是重要的技能。

——乔治·索罗斯

只要保住足够的本金，就一定能东山再起。我不希望，也不相信自己在第二天醒来就被宣布破产。

——乔治·索罗斯

索罗斯在《金融炼金术》导论中说：“如果必须就我的实务技巧做个总评，我会选择两个字：存活。”

1987 年，股市崩盘，索罗斯判断会从日本开始，然后才是美国股市。但是事实却并非如此，他原本放空的日本市场反而走高，使他遭受重创。他并没有恋战，而是立刻认赔出场。他的原则是：存活永远是第一位的。

尽管有这次投资失败的经历，但量子基金全年表现仍有盈余。这为他日后狙击英镑留下了充分的筹码，才有之后“让英格兰银行破产者”的封号。

承认失败，承担痛苦

索罗斯承认，他自己也可能犯错，而这点恰恰使他觉得极不安全。因此他总是准备改正自己的错误。

承认错误是投资者一项优秀的品质，这在索罗斯身上体现得极为明显。他说：“承认错误是荣耀的来源。”但是不少投资者认为在投资中犯错误是一件很没面子的事。尤其对于那些战绩赫赫的人来说，他们一直把自己当作投资界的成功人士，金光闪闪不能被犯错的乌云所遮蔽。于是当他们出现失误后，几乎是本能地想方设法去掩盖事实。

这种掩盖错误的做法，在索罗斯看来是非常愚蠢的。索罗斯认为，在投资市场上犯错是在所难免的，也是很平常的。与其隐藏自己的失误，不如勇敢地面对它，并及时分析、改正，从中吸取教训，从而转换自己的投资路线，使投资更加科学理性。

当然，对于失败，索罗斯并非一点都不在乎。他说："对我而言，赔钱是一件痛苦的事，也是一个惨痛的遭遇，但是因为我选择了这个游戏，我就必须忍受。"

无论是赔是赚，做出退出的决定都需要一定的魄力。好在索罗斯在投资之前，就明白自己应该在什么时候退出。他从来不会让事情超过自己的能力控制范围。一般来说，他的退出策略不会掺杂任何个人感情，因为他关心的不是在一笔投资中赚多少钱或赔多少钱，他只是遵循他的标准做进退选择。

索罗斯始终凭借自己的投资标准不断评估投资的进展，他知道应该在什么时候兑现这些利润或接受这些损失。而如果没有完善、系统的投资标准，是很难干净利落地做出退出抉择的。

留有余地，敢于退阵

在股市中，不少投资者最容易犯的一个错误就是，他们总以为股票一路飙升时，才是投资的最佳时机，于是拿出自己的全部家当疯狂买进。

根据索罗斯的"枯荣相生"理论，股票疯狂上涨之时亦是危机四伏之时。如果对风险视而不见，很可能会使自己的资产一夜之间荡然无存。

索罗斯警告说：无论何时，无论你投资的项目有多保险，都不要拿你的全部家当去赌。

不要因为有了利益就忽略利益背后的风险，不要在虚幻的天文数字面前做“白日梦”。投资者应当清楚地知道，在股市中，只有拿在手中的金钱才是财富。那些令人眼红的不断上扬或是下跌的数字只是数字，与财富无关。

索罗斯告诫投资者，在该出手的时候固然要毫不犹豫，在该放弃时更要勇敢地放手。他始终坚持这样的信条：“投资时一定要留下足够的本金，只要保住足够的本金，即使失败了也能东山再起。”

索罗斯坦承，自己的分析和判断并不一定准确。他的确也数次惨遭失败。正因为他有这份自知之明，才不会利令智昏地孤注一掷。

1987 年，世界股市大崩盘，太多的人蒙受了巨大的损失，索罗斯也未能幸免。但是索罗斯并没有负隅顽抗，没有寄希望于冬天来了春天不会太远，而是及时自我检讨并止损离场。他知道，虽然自己损失很大，但及时离场将会使自己避免更大的损失。

事实证明，索罗斯的选择是正确的。多年之后，当索罗斯回想起当年股灾的时候，他说：“那场灾难真的是始料未及！我从来没有遇见过如此疯狂的大崩盘。我知道，那一次我真的错了。因为我预料这场股灾会在日本出现，可最后还是落到了自己的头上。不过我选择了止损离场，因为在我看来，生存才是最重要的，所以我选择放弃战斗。”

国人历来推崇“不成功，便成仁”，大多数人具有上阵杀敌的勇气，却鲜有体力不支时退阵认输的勇气。在这一点上，真的有必要向索罗斯学习。

如果被鳄鱼咬住了脚，就牺牲那只脚

世界上最伟大、最聪明的交易员，都遵循着一个有用且简单的交易法则——“鳄鱼法则”。“鳄鱼法则”源自于鳄鱼的吞噬方式：猎物越试图挣扎，鳄鱼的收获越多。投资者务必记住：万一不幸被鳄鱼咬住你的脚，你唯一的生存机会便是牺牲那只脚。

延伸到金融投资市场中，这项原则就是：当你知道自己犯了错误时，唯一正确的做法就是马上了结出场，让亏损不再蔓延。

无论是股票、期货、外汇还是黄金市场，所有成功的投资家都有一个共性：尤其注意风险控制。无数血淋淋的事实表明，在充满风险的金融市场上，一次重大失误足以致命，而唯一能保命的方法，就是及时止损。

一个很常见的现象是：许多股民只知道买进股票后赚钱出局，却很少主动在适当的亏损位置止损出局。索罗斯说过，投资本身没有风险，失控的投资才有风险。止损远比盈利重要，任何时候保本都是第一位的，盈利是第二位的。严格遵守止损纪律才是确保投资者生存下去的唯一法则。

股票止损的操作技巧

怎样的止损策略才安全有效呢？

1. 做好前期功课，反复研究。

止损只是一种风险控制措施，是在不利的情况出现后的应对措施，并非投资股市的目的。如果投资得当，不去触碰止损不是更好？

之所以出现止损，三分是天灾，七分是人祸。天灾不可免，人祸却可避。在选股时，如果将前期功课做足，那么从源头上就可以减少止损出现的次数。

2. 不同的大势下，选择不同的止损方法。

在牛市中，大多数股票都有轮番上涨的机会，套牢的情况也比较少，只是盈利多少的区别。投资者只要不贪心，沉得住气，手中的股票迟早会有表现的机会。这种情况下，除非你有非常充分的理由，否则不要轻易使用止损。

在熊市中，现金为王，止损就是保命的不二法则。当投资者被市场咬住一只胳膊时，不要做无意义的挣扎——忍痛舍弃那只胳膊，赶紧出场。否则将会损失惨重。

3. 不同的个股，选择的止损方法不同。

世界上没有完全相同的两个人。同样，股市里也没有完全相同的个股走势图。在股市中，即使是同一个主力，他们在操作不同的股票时，采取的手法也是不相同的。

基于这种个股之间必然存在的差异，投资者一旦买入股票，就必须做深入细致的研究，以便根据每只股票的不同特性制订适当的止损策略。

4. 设置恰当的止损位。

在众多的止损措施中，止损位的设置是非常关键的一步。一般而言，止损位的设置要根据有关技术位和投资者的资金状况来确定。在不同的止损依据下，设置止损位时考虑的重点也不同。

对个股止损，一般是根据个股的技术位和投资者对亏损的承受能力来设置。对股指止损，主要是根据大盘的技术位和投资者对亏损的承受能力来设置。对资金止损，主要是根据投资者对亏损的承受能力来设置。不论哪种止损措施，我们都需要考虑亏损承受力和技术因素。亏损承受力是因人而异的，没有客观的标准而言。而技术因素则不同，它涉及到技巧和经验。

5. 控制好止损幅度。

设置好了止损点后，止损幅度的确定也是值得注意的问题。止损幅度应考虑排除日常价格波动的影响。一般而言，止损幅度过大，会丧失止损的本意，容易导致更大的损失；止损幅度过小，止损位容易在股价正常波动中被触及，也同样会造成无谓的损失。

在任何情况下，都要用百分比而不是价位来制定止损幅度，5% ~ 10%是通常可以接受的合理幅度。不同承受能力或不同操作风格的人，可以在这一区间内自由选择。此外，对于不同价位和不同股性的个股，也需设置不同的止损幅度。一般而言，股价较低或股性较为活跃的个股，止损幅度应适当放宽，反之则缩小。

在险象环生的投机市场上，很多人都知道止损的重要性，但偏偏有很多人在这个坎上摔了大跟头。所以对止损问题进行正确定位、理解和执行，是每个进场者必修的课程。

信条23：多元结构，分散风险

选择同一个行业的股票时，要选两家公司，但不是随便找两家，应选一家最好的和一家最差的。

——乔治·索罗斯

专注和集中精力是应该的，但要寻找一个市场的非理性峰点却不能局限于一个篮子。

——乔治·索罗斯

索罗斯推崇“不要把所有的鸡蛋放在同一个篮子里”，也就是通过投资组合分散风险。

索罗斯操盘的基金，会把实有资本投资于股票市场，而将融资部分投资于股票指数期货、债券、外汇等金融产品上。这是因为，股票的流动性相对于金融商品而言较小，因此将实有资本投资于股票上，发生追缴保证金的概率较小，能避免发生重大的损失。

有侧重地“分放鸡蛋”

美国著名小说家马克·吐温在小说《傻瓜威尔逊》当中曾经说过一句话：“傻瓜说，不要把所有的鸡蛋放在一个篮子里；而聪明的人却说，把你的鸡蛋放在一个篮子里，然后看管好那个篮子。”

被奉为投资大师的巴菲特在投资时，遵循的原则就是“把所有鸡蛋放在同一个篮子里，然后小心地看好它”。他认为，人的精力是有限的，与其分散精力去关注 50 家公司，不如认认真真地研究一两家有潜力的公司。

巴菲特这种投资手法的精髓在于：选择几种可能长期获得高于市场利润水平的股票，尽量多地买入，甚至 100% 地持有，并抵抗住短期市场波动的冲击。

对此，索罗斯有着完全不同的理解。他认为，专注和集中精力是应该的，但要寻找一个市场的非理性峰点却不能局限于一个篮子。索罗斯喜欢将鸡蛋放在不同的篮子里。

索罗斯解释说："多元化投资的做法或许分散了基金的力量，但是只要考虑到金融市场是一个高风险的地方，变化难测，每一项投资随时都有亏损的可能，你就会明白，分散投资是最保险的投资方法，即使有了差错，也不会使你一下子变成穷光蛋。"

当然，仅仅僵化地遵循"分散投资风险"的原则，把 10 个鸡蛋平均放置在不同的篮子里，同样不是最好的投资选择。索罗斯说："分散投资是对的，但没有必要平均投资，应该有重点：对明显看好的股票，可多买一些；对还处于模糊状态的股票，略作投资即可。"

索罗斯投资时十分在意这种投资方式。他的基金从事各种市场里的交易，包括股票、债券和货币等，但他对每部分的投入比例并不相同，有时是 5∶3∶2，有时是 1∶3∶6。

"我的投资是有所侧重的，我把主要力量放在看好的投资项目上。"索罗斯说。以 1985 年底为例，他在英镑上投入 8700 万美元，在石油方面投入 2 亿美元，在股票和期货中投资了 10 亿美元，在债券中投资了 15 亿美元。可以看出，他投资有侧重的风格十分明显。

索罗斯不仅倾向投资很多不同的资产类别，包括外汇、商品、工业投资等，在同一种资本类别里，也会运用分散投资的方法。

曾协助索罗斯做空英镑而声名大噪的对冲基金经理斯坦利·德鲁肯米勒，对索罗斯的"分散投资"思想佩服得五体投地。他赞叹道："索罗斯运用分散投资法比我早了 20 年。他以多投方式买进大量股票，再卖空这些股票最重要的部分，然后利用举债经营的方式去做期货、债券及货币生意，总是能够获取利润。"

筹码要对冲，押大也押小

很多人在投资股票时，只看好市场上表现优秀的股票，认为只有这样才能赚到利润，对表现差的股票往往视而不见，置之不理，认为这种股票无利可图。

索罗斯对此有不同的见解。他认为，表现不好的股票一样能够赚钱。在他的投资策略中，就经常选择最好的和最坏的股票进行组合投资，并因此获得了不菲的收益。

索罗斯的投资方式是：选择同一行业的两家公司，一家是表现最优秀的公司，一家是表现很差的公司。当然，选择表现很差的公司的时候，并不是说哪家公司垃圾就去选哪家。

索罗斯认为选择差公司需要把握的条件是：第一，这个公司的股票价值仅仅是被低估；第二，这个差的公司有突破的可能，能够摆脱当前的困境，公司产品前景可观。

例如，20 世纪 80 年代，计算机行业开始崛起，索罗斯敏锐地感觉到时代对计算机的需求必将促进计算机领域的高速发展。他认为这是一个非常有潜力的行业，于是开始选择投资对象。

索罗斯首先选择了 IBM 公司。IBM 是计算机行业的领头羊，规模和市场占有率均居同行业之首。索罗斯选择投资它的时候，它的股票价格已经很高，但索罗斯没有犹豫，果断决定投资。

之后，索罗斯开始物色计算机领域中一家表现差的公司。他将计算机行业业绩最差的几个公司进行评估、对比。在这堆无人问津的“垃圾”里，索罗斯挑出了通用数据公司。

当时，通用数据公司与 IBM 公司的差距可以用天壤之别来形容。一个是行业的翘楚，一个是行业的点缀。其他投资者对通用数据公司都不看好，但索罗斯在调研中发现：虽然通用数据公司的业绩差，股价低，但是公司的发展潜力很大，公司的人才和开发能力正在逐步提高；通用数据之所以看上去“垃圾”，只是由于起步较晚，市场经验不足，导致产品销售不佳，但是它的管理与运营技术发展空间还很大。

基于以上原因，索罗斯认为只要通用数据公司克服了上述问题，马上就会发生质的变化。重要的是，他预计计算机行业的辉煌时代即将到来，通用数据公司也将在大势的推动下迈入辉煌的大门。他甚至认为，对通用数据公司的投资收益，一定会超越对 IBM 公司的投资回报。

两年后，索罗斯的这个判断就得到了验证。大量的投资者开始向计算机行业疯狂投资，一个新的计算机时代到来。通用数据公司的股票价格连续攀升，索罗斯在通用数据公司的盈利赶超了 IBM 公司。

在制药行业，索罗斯也采用相同的投资方式，分别购买了默克公司和辛泰克斯公司的股票。默克公司是一家跨国集团，在国际上居于领先地位，主要负责药品的研制和药品行销。所有投资者当时普遍看好这种有价值和安全系数高的公司。

辛泰克斯公司不仅规模比默克公司小得多，而且经营单一。当时为了研究一种新药，辛泰克斯花费了大量资金，但没有获得成功，导致公司面临倒闭的境地。几乎没有投资者看好这家垃圾企业。

经过深入调查了解，索罗斯发现辛泰克斯开发研究的是一种治疗关节炎的新药。他了解到这种药品很有前景，辛泰克斯只是缺乏资金，才导致研制进度缓慢。于是索罗斯决定投资，一来可以帮助这家上进的企业，二来对自己的投资大有裨益。

辛泰克斯公司在得到索罗斯的资金支持后，开发的关节炎新药终于成功上市，并受到市场的热烈欢迎。公司业绩随之暴涨，索罗斯也从股票上大赚了一笔。

两面下注的获利秘密

索罗斯敢于冒险，但他同时又是个小心谨慎的人。这种谨慎体现在他两面下注、利用对冲赚钱的本领上。这种对冲的方式能极大地降低投资风险。

对冲基金创始人是阿尔弗雷德·琼斯。1901 年，琼斯出生于澳大利亚。幼年时期，他随家人来到美国。1923 年，他从哈佛大学毕业。20 世纪 40 年代初进入了《财富》杂志的编辑团队，其后成为《时代》、《财富》杂志的特约撰稿人。

1948 年，琼斯花费了大量时间与华尔街的交易商和经纪商进行交流，广泛学习他们的方法。1949 年，他发表了著名的《预测的最新潮流》，介绍了一种他发现的、听上去有些匪夷所思的“对冲”投资策略。第 2 年，琼斯和其他 3 个合伙人创立了 A. W. 琼斯公司——世界上第 1 家对冲基金公司。

琼斯首次将“卖空”应用到股票投资当中。单纯的卖空存在极大的风险，琼斯将卖空与普通的股票买卖相结合，以此降低投资风险。一方面，他采取普通的做长线的方式，低价买入几种有投资价值的潜力股票；同时，他又借入能够反映市场平均指数的股票，在市场上卖出。这样，只要买入的长线股票涨幅高于卖空的平均指数股票，他就会赚钱；相反，如果股市下跌，只要买入的长线股票跌幅小于指数的跌幅，也会盈利。当然，琼斯的投资策略也非万全之策，如果选股不正确，上涨时长线股票的涨幅小于指数的涨幅，下跌时长线股票的跌幅大于指数的跌幅，琼斯将会赔得血本无归。

由琼斯创造的这种投资策略，就是日后对冲基金最广泛使用的“多/空”策略。琼斯也被誉为“对冲基金之父”。琼斯的基金取得了非常理想的回报，在 1955 年到 1964 年的 10 年间，每年带给投资人的综合回报高达 28%。

琼斯的成功，在 20 世纪 60 年代末引来众多仿效者，其中就包括索罗斯。索罗斯在琼斯的基础上进行了创新，他将对冲的触角伸向了外币、期货等更广泛的金融领域。

概括起来，索罗斯的手法如下。

1. 杠杆魔鬼。

对冲基金有一个明显的特征，就是杠杆化。投资者只要缴付一定比例的保证金，就可以进行数倍规模的投资交易。比如说我国的沪深 300 股指期货，保证金比例为 15%，也就是说，投资者只要交纳 15 万元的保证金，就可以买入价值 100 万元的股指期货。

国外的金融市场更加成熟和发达，其杠杆比例也更高。索罗斯曾说：“用1000美元，我可以购买至少价值50000美元的长期有价证券。”也就是说，他用1美元可以撬动50美元的投资，资金放大了50倍。

除了金融市场本身带有的杠杆特性外，叱咤风云的索罗斯因为拥有众多追随者，也会放大他的力量。只要是索罗斯看准的地方，就一定会有大批追随者和他一起行动。

20世纪90年代中期，尽管量子基金总规模只有五六十亿美元，但是每次大战役，他都可以调动数千亿美元的资金，将那些只有几百亿美元外汇储备的国家打得人仰马翻。

2. 同向博弈。

“对冲”在很大程度上是为了规避风险，也就是先两面下注，再见风使舵。但索罗斯经常会在现货和期货市场上做相同方向的交易。

以大宗商品铁矿石为例，一些企业在高价买入现货作为储备的同时，会在期货上、金融市场上卖空等价的铁矿石期货。这样一来，当铁矿石价格下跌，企业亏损时，就可以通过做空期货弥补亏损。反过来，当铁矿石价格上涨，企业获得盈利的时候，其在期货市场上就会亏损的同样多。也就是说，在利用对冲的情况下，无论原材料市场将来是上涨还是下跌，企业都不会因此而受益或者亏损，最终只能通过实际的钢铁生产和销售来赚钱。

索罗斯不同。在他看来，对冲不应该仅是用来保值，也可以用来增加收益。如果他预料铁矿石价格会上涨，就会在现货市场和期货市场同时买入铁矿石；反过来，如果认为会下跌，他就会同时进行卖出操作。别人一手持矛一手持盾，索罗斯则是左右手持两把刀，以期杀开一条血路！

比如在英镑狙击战中，索罗斯认定英镑兑马克的汇率一定会下跌，所以他在现货和期货市场都对英镑进行了卖空。英镑狙击战最后以索罗斯的大胜告终，因此他赚取了成倍的利润。如果他失败了，就会被砍成重伤——因为他没有保护自己的盾。

信条 24：只狙击有把握的目标

在股票市场上，寻求别人还没有意识到的突变。

——乔治·索罗斯

发现低买高卖的方法，就是去寻找那些未被认识到、未被发现、未被重视的变化，并且通过这些变化，挖掘出那些业绩优秀的公司，不管此时这些公司的股价是多么狼狈。

——乔治·索罗斯

作为国际金融市场上著名的“坏小子”，索罗斯纵横驰骋于各个国家的金融市场，成为具有巨大经济影响力的标杆性人物。金光闪闪的索罗斯，最引人注目的是什么呢？

相信很多人都会说，是他对市场的判断能力。

一位投资大师形象地比喻股市说：树不会长到天上去，树枝也不会向土地里生长，股票也一样。通过对索罗斯投资策略的研究，可以窥见他的判断能力不是一朝一夕练成的，而是在长期的投资实践中慢慢养成的。

拥有高超的判断能力，是一个投资者综合能力的体现。想要做出准确的判断，首先要去发现和了解。只有在对整体与局部都非常熟悉的情况下，才可能做出准确的判断。

如何判断目标国家的投资环境

索罗斯在判断一个国家是否值得投资时，通常会通过以下几个标准来衡量。

1. 目标国家的政策环境是否适合外资投资。

如果目标国家的政策不够开放、自由，投资者的投资就无法得到充分保证。如果这个国家的金融市场开放、活跃，市场经济运转也正常，索罗斯便会关注这个国家市场繁荣的程度是处在上升发展期，还是处于停滞不前期。确定这些必要因素之后，他才会考虑自己的投资计划。

2. 目标国家的金融市场是否自由通畅。

只有金融市场自由畅通，该国的金融市场才具有投资价值。货币兑换是金融市场对资本市场控制的主体，投资者只有在自由开放的市场中才能够获得丰厚的利润。如果一个国家的货币难以自由兑换，进出过境比较困难，索罗斯会放弃对这个国家的投资。

3. 目标国家过去一段时间内的经济运转情况。

这需要了解该国家的政治环境、经济因素、人们生活水平等方面，以此来判断这个国家的政治局势是否稳定，金融市场是否稳健。索罗斯一般只选择投资经济增长比较好的国家。

4. 是否有合适的入市时机。

假如目标国家的以上几个因素都使他感到满意，最后的一关就是确认合适的投资时机。对时机的把握，我们在下节再作进一步阐述。

如何判断入市时机

索罗斯对何时进入市场总是很谨慎。如果找不到合适的机会，他会选择等待。

索罗斯常说：投入仅仅一秒钟，形势就会起变化。由于难以把握投资市场的诸多因素，索罗斯在决定入市前，会从以下几个方面去判断进入时机。

1. 关注一直强势的行业。

强势行业的股票也会出现大跌现象，也会在一个阶段陷入低迷。在强势行业股价远远低于其内在价值的时候进入市场，往往会有意想不到的收获。

2. 关注在国家利益中至关重要的行业。

有些行业在国民经济中起着中流砥柱的作用，因而通常会得到政府的扶持。当这个行业出现危机时，政府会想方设法予以扶持，因而这样的投资是较有保证的。若是在该行业出现危机时进场，等转机出现后再抛售，便可以从中获得丰厚的利润。索罗斯投资的美国军工企业，便是这种类型。

3. 关注新兴行业和发展潜力大的行业。

此类行业的股票属于成长型股票，假如能够把握住未来市场的走向的话，将会给投资者带来巨大的利润。20 世纪 70 年代初，索罗斯判断美国美容行业发展潜力很大，于是马上投资入市，此后果然从中获得丰厚的收益。索罗斯还是华尔街上最早投资海南航空的投资家。当时海南航空到华尔街融资，索罗斯意识到未来国际旅游业发展前景广阔，并据此判断进行了投资，后来得到了数倍的回报。

4. 关注发生重大变化的行业。

当一个行业出现灾难性事件，或者因为竞争激烈等因素，导致大量破产和兼并时，行业的龙头企业必然产生，并且在崛起中带动整个行业从低谷中走出。随后该行业在股市上就会有反弹。当然，并非所有行业出现这种情况时都具有投资价值，只有这个行业在国民经济中占有不可或缺的地位，并且拥有一定的行业基础时，才值得投资。

信条25：下注不猛，只能收获平庸

在我看来，赢家必须有选择地下重注，因为好运并不多。

——查理·芒格

几乎每一个投资者都可以在市场上获利，关键要看他们有没有采取果敢的行动。

——乔治·索罗斯

金融市场是一个风险与机遇并存的地方，获利与亏损就像天平的两端，总是摇摆不定。如何把握好获利的机会，索罗斯有他凌厉独特的手法。他认为，一旦看准了，进攻时就必须狠，必须全力而为！

瞅准机会，强势出击

1984 年，英国在铁娘子撒切尔夫人的主导下，开展了一场规模宏大的私有化浪潮。最先开始私有化的是三家英国老牌国营企业，它们是英国电讯公司、英国天然气公司和英国捷豹汽车公司。

英国出售国有股遵循的是先易后难的步骤，优先转让减持的是盈利的、有战略意义的国有企业。对于亏损的企业，通过裁减人员改善其财务状况，提高竞争力，直至能够盈利时，再推向市场。在国有企业私有化的过程中，为了保证国有股减持的公正性，英国政府通过各种措施，鼓励普通居民尤其是本企业职工购买股票，比如简化股票的购买手续，允许分期付款。对于本企业的雇员，则以优惠价格出售，并采用无偿赠送少量股票等办法吸引他们参与。

索罗斯明白，撒切尔夫人的最终目的是让更多的国民拥有国有企业的股份。如何实现这一目的呢？索罗斯分析：降低证券价格是最好的方式。

索罗斯认为其中一定有利可图，于是嘱咐助手阿伦·拉斐尔密切关注这三家企业的情况。当拉斐尔的调查研究显示捷豹公司正力图打进美国市场时，索罗斯果断投资 2000 万美元，买进捷豹公司全部股票的 5%。

2000 万美元的资金，在当时可以说是天文数字了。面对如此惊世骇俗的大手笔，拉斐尔感觉有点紧张，于是他决定和索罗斯谈一谈。

拉斐尔的开场白是这样说的："我对捷豹公司进行了调查，这个公司目前运转的情况令人满意。我们做得很不错。"

索罗斯听完这句话，拿起桌上的电话，命令交易员："再购进捷豹公司 25 万股。"

拉斐尔认为索罗斯的做法过于冒险，他说："对不起，可能刚才我没有讲清楚，我是说我们目前为止已做得很不错了。"言下之意是，公司目前所做的已经很多了，在形势进一步明朗化之前，不能过分地陷入里面。

索罗斯对此持有不同意见。他向拉斐尔解释说："捷豹公司正在努力向海外拓展，而且现在的情况表明他们此举是卓有成效的，我们可以断定他们的资金流动在加快，公司股票价格会上涨。国际投机商，包括美国的投机商，毫无疑问会抓住这个难得的机会，最终的结果是股市快速上涨。在这个时候，我们又何必犹豫呢？"

在索罗斯看来，既然市场符合自己的预测，为何不遵循自己的感觉全力以赴呢？他敏锐地嗅到了股市价格将大幅度上扬的气味，断定疯狂的投资者将会把股市价格越推越高。他告诉拉斐尔："如果股票上涨，你就应该多投入。只要你认为自己是正确的，就不要介意你购进了多少，不要介意这些投资在全部股票中占了多大的份额。”

拉斐尔接受了这个建议，但他对索罗斯的做法还是深感疑虑。他怀疑索罗斯在孤注一掷。

事实证明，拉斐尔的忧虑是多余的。量子基金在捷豹公司的投资中净赚了 2500 万美元。

敢于坚守和进攻，赢得更大胜利

投资市场上，有些投资者对市场趋势的把握是准确的，但由于他们缺乏索罗斯这样的果敢和自信，所以盈利不多。他们在股市中投了一笔钱，看着股票价格连续几周都是涨了又涨，一方面因为盈利而窃喜，一方面开始忧心忡忡。他们会自言自语：“市场好得简直令人难以置信，但是现在是撤出的时候了，不然市场出现变化，由盈变亏可就得不偿失了。”

索罗斯常常嘲笑这种想法。在他看来，在对的时候不能够坚持到底，是投资者所犯的最低级错误。

索罗斯这样说：“你要极富进取心，特别是当你取得好的收益时。然而，许多投资者一旦收益较为可观，就开始小心地进行交易，不敢尽力获取早已预计到的收益。要知道，真正获得高收益的办法是用心努力去做，直到你的收益较为可观。如果你有信心实现更高的收益，就应该坚守。如果你能够连续几年把高收益率连起来以弥补下降年份的低收益或负盈利，那么你就做到了较为出色的长期盈利。”

索罗斯信奉的法则是：进攻是最好的防守。因此当获利的机会到来时，索罗斯会给对方致命一击。但索罗斯这样的狠，并不是孤注一掷的豪赌，而是命中要害的进攻。

1985年，美元汇价高企，导致美国产品在国际市场上竞争力不足，大量进口货品开始涌入国门，以价廉物美著称的日本货更是长驱直入，所向披靡。急躁的投资者开始大量抛售手中的美股，索罗斯却反其道而行之，积极在低价位买入大量股票。当时并不被大众看好的ABC电视频道，就是在此时成为索罗斯“囊中之物”的。

等到索罗斯持有ABC电视频道达到60万股时，经济形势开始好转。购入均价不到90美元/股的股票一路上涨，很快到超过了100美元。但索罗斯不为所动，依旧坚持持仓。直到著名的大都会公司找量子基金，洽谈收购ABC电视频道的事宜，他才以每股118美元的高价成交。经此一役，索罗斯就赚了1800万美元。

在索罗斯眼里，投资者所犯的最大错误不仅仅是过于大胆，还包括太过保守。他不屑于一边保住既有收益，一边赚取些许微利，他更不愿意相信“不积跬步，无以至千里”的故事。他极端自信地认为自己能够在市场交易中走得更远，能在大赚与大亏的极端中取得胜利。

大肆做空的投资策略

除了低买高卖的投资策略之外，索罗斯还特别善于卖空。所谓卖空，就是在高位时判断市场将出现下跌的情况，借入他人的股票卖出，再在低位时买回还给借方，平仓以获取差价。

1985 年，美国的西联公司陷入经济困顿之中。虽然他们想方设法在资产负债表中做手脚，但仍然没有瞒过索罗斯及他的副手，他们判断西联公司的实际价值要比股价低得多，因此立即大肆沽空西联公司的股票。后来股价见底，索罗斯在很短时间内就赚了数百万美元。

卖空行为可以根据卖空者的不同目的分为三种。

第一种是投机性卖空，其出售股票的目的是预期该股票价格会下跌，以后再以较低的价格补进同样的股票，从而获取中间差价。此种卖空行为有较强的投机性，风险大，利润也大。

第二种是用于套期保值的卖空，其目的在于避免股票由于市价下跌带来的损失。

第三种是技术性卖空。

由于投机性卖空会对股票市场造成不利的影响，所以很多国家通过法律加以严格控制，有的国家则完全禁止卖空交易（如我国股市）。

索罗斯较为典型的卖空案例是他与美国著名化妆品企业雅芳公司的交易。在这次交易中，索罗斯先是向雅芳化妆品公司借了 1 万股并以 120 美元/股卖出。一段时间后，这只股票开始狂跌。两年以后，索罗斯以 20 美元/股的价格，在市场上买了 1 万股雅芳化妆品公司的股票还给了雅芳公司。从这笔交易中，索罗斯以每股 100 美元的利润为量子基金赚了 100 万美元，是投入资金的 5 倍。

另一个典型的卖空案例是 1992 年成功狙击英镑。索罗斯通过英镑空头交易，获得了将近 10 亿美元的利润。再加上他在英国、法国和德国的利率期货上的多头和意大利里拉上的空头交易，所得利润更是惊人。

我国股票市场目前并没有做空机制，只能在股指期货、融券上做空。但在可以预见的将来，股票市场必然会设计出做空机制。那时，又会是谁的江湖？

信条 26：永远坚信自己的交易系统

如果有人夸耀自己能预测股票走势，那么他一定是个骗子。

——乔治·索罗斯

你如果常常听到一个投资人不断在投资中赚钱的话，这只有两个解释：一是这是庄家的操作手段，目的在于让投资者追涨杀跌；二是这些所谓预测股市的人，只是华尔街上的一个算命先生而已。

——乔治·索罗斯

从最基本的投资哲学，到选择投资方式，再到详细的操作法则……每一个成功大师的投资系统，都是他自己设计的，他们也许会部分修正自己的系统，但从来不会从根本上怀疑自己的系统。成功的投资大师，每时每刻都遵守自己的交易系统。这个系统的每一处都与他们本身完美契合，就像量身定制的衣服一样。

别人量身定制的衣服并不适合你穿，别人的交易系统也不适合你使用。

建立你的交易系统

投资市场之上，真的有长期稳定获利的方法吗？

——当然有。答案就在你自己身上。长期稳定获利的方法，就是构建一套适合你的交易系统。这个交易系统有完善的交易思想、细致的市场分析和整体操作方案。这个系统是适合你个人特性、独一无二的。

投资是一个持续的过程，是“八年抗战”甚至更长时间的“抗战”，绝不是简简单单的一次预测或者一次全仓买入。索罗斯曾经这样说：“我们持续盈利的方法只有一个，建立并严格执行自己的交易系统，我认为主观的预测、判断，永远比不上简单地、坚定地执行客观的交易系统。”

索罗斯的交易系统包括：进场前的市场研判和操作计划的确定，当市场价格发生变化时如何修正自己的交易计划，离场后的检讨与总结。

1. 进场前的市场研判和操作计划的确定。

什么情况下进场？

当得到一个买进信号的时候应该使用多少资金？

资金的分配比例如何？

预计的投资周期多长？

预期获利多少？

潜在的损失是多大？

2. 投资操作中对操作计划的不断修正。

何种情况下追加（减少）投资？

如何处理判断失误？

止盈位与止损位是多少？

市场出现非人为因素如何处理？

3. 事后复盘。

是否达到了投资预期？

操作上有哪些成功的经验（失败的教训）？

投资者要对以上三大板块内容进行制度化管理并严格执行。因为用理性代替感性做决策，投资的效率会更高。当然，僵化的系统也不是铁板一块，事后的复盘就是对这个系统进行调校，在僵化中进化。

1000 个人眼里有 1000 个哈姆雷特，1000 个人脑子里有 1000 种交易系统。投资者在建立属于自己的交易系统时，要将自身的交易特点考虑进去。但是有一点是共同的：无论你建立什么样的交易系统，都要严格执行。

观察市场的方法

索罗斯认为，头头是道的预测和理论分析，根本跟不上市场变化的脚步。其原因在于：面对市场的无序性，每一个投资者都不能做出确定反应。

市场上的投资者可能随时进行投资，也可能随时撤出投资。这种状况是非理性的，从而导致市场处于无序状态。这种状态反映在金融市场上，就是动荡不安的混乱局面。很多人都希望在这种混乱中寻找生财之道，但是普通的升跌模式显然是靠不住的。

索罗斯不相信普通的升跌模式，他不断摸索适合自己的投资法则，并逐渐形成了自己的投资理论。这种法则和理论不是具体的，甚至没有具体的章法可循。事实上，它们只是一种观察市场的方法而已。但在索罗斯看来，这些方法比相信普通的升跌模式更为实用有效。

索罗斯的市场观察法在投资决策中举足轻重。归纳起来，市场观察法大致包含如下三点。

1. 一叶知秋，未雨绸缪。

股市变动是一个从轻微到剧烈的过程。前期由于变化微小而不被人重视。等到情况逐渐明朗的时候，投资者才开始随趋势而动。这中间有一个观察点：如果股市出现暴跌，就会有更多的卖方空头来加强跌势；如果股市是暴涨的势头，就会有更多的买盘来助长这一趋势。要想在市场中抢先半步，必须预先觉察股市动向。

2. 不畏浮云，把握强弱。

一般而言，多数投资者的投资计划会随着市场变化而调整。当股市进入牛市，投资者的期望会随之高涨。如果股市持续走强，投资者往往会忽略股市也有衰落的一天。相反，如果股市一直走弱，他们就会绝望。看不到股市回升的希望。这时，普通投资者的无理性与市场变化相互作用，就会使市场陷入激烈和紧张的混乱之中。

投资者与市场的相互作用，促使股市的发展方向出现偏差，影响到投资者的判断力。要想把握市场方向，需要拨开浮云，深入到基本面进行探究。

3. 涨跌交替，轮回规律。

天下之势，分久必合，合久必分，无恒强，无恒弱。股市不可能永远上涨，也不可能永远下跌。牛市时，由于股价一路飙升，吸引更多的资金投入，导致多头越来越多。当市场无法继续投入新的资金，上涨行情就会停滞。这时候，投资者看到股票内在价值过低时，会逐渐冷静下来，并采取后撤行动。由此一来，新的一轮跟风现象重现，股市价格下跌就在所难免。

假如股市持续下跌，股票不断以低价抛出。当空头抛尽，卖盘挂完，价格跌到极限时，跌势也会停滞。此时，部分有眼光的投资者开始趁低吸纳，对价格明显低于其内在价值的股票进行抄底。由此，新一轮跟风现象产生，开始带动股价回升。

这套由索罗斯总结的投资观察法，区别于普通的升跌模式，但从实用性角度来说，却更胜于普通的升跌模式。索罗斯告诫投资者不要迷信传统的模式与理论，要学会寻找更符合实际情况的投资方法，要在实践中逐渐培养敏锐的投资观察能力。

信条27：建立自己的情报网

一个由消息灵通人士或重要人士组成的关系网，是获取投机信息的特殊的、重要的渠道。

——乔治·索罗斯

索罗斯能够接触到国际政治、经济界的领袖人物。他具有超凡的交际能力，他通过自己独特的交际手腕，向他们了解自己想要知道的一切。他的关系网遍布全世界，这是他投资成功的秘诀。

——加利·格莱德斯坦

强大的人际关系是投机活动中能够取得成功的重要手段，单枪匹马，孤军奋战，是很难在投机活动中占上风的。

犹太财阀罗斯柴尔德家族，就是凭借其情报网奠定百年基业的。同为犹太人的索罗斯当然明白，任何一条重要消息都可能造成金融界的震荡，而“先得信息者称王”，更是金融领域一条颠扑不破的真理。

通过各种途径获取信息

索罗斯当然知道，捷足先登获得重要的市场信息，绝非一件容易的事。所以，他总是通过各种途径来搜集信息。他订阅了大量的报纸杂志，以期发现被其他人忽略掉的有用信息。此外，他还致力于打造高端人际关系网，以期从中探询到尚未在市场上流通的信息。索罗斯曾经加入过一个世界顶级俱乐部，该俱乐部的成员最多不超过 2000 人，都是来自世界各国的重要人物。

在这个以国家政治领袖为主要成员的俱乐部里，索罗斯是少数几个经济领域人物之一。他无法在政治上左右一个国家的政局，但他在经济领域的影响力无与伦比。很多国家领导人都想结识索罗斯，听听他对世界经济形势的判断。

这张强大的关系网，使索罗斯在投机事业上如鱼得水。索罗斯认为，与这些人交往益处极大。他可以直接了解到各个国家政治人物对一些重大事件的看法，了解他们将要做出何种决策。其他人想要了解这些信息，只能是通过电视、电台、报纸等媒体来获得，这些获得方式费时费力且时效性不高。

用索罗斯自己的话来讲，就是在同这些上层人物的接触中，他获得了对事件“最感性、最真切和最直接的感受”，这让他能够敏锐地察觉到一国政府的态度，判断出将要发生什么事情，或者已经发生的事情将造成什么样的影响。

索罗斯说，虽然与这些上层人物的直接交谈并不能起到立竿见影的效果，但是可以把交谈的信息储存在脑子里，为以后的投机活动作准备。这也就是索罗斯可以在许多人还未意识到机会来临之前就率先投机的原因。

怎样获取可靠的情报

普通投资者既不能像索罗斯那样游走于权贵之间，也无法像职业投资者一样经常到实地去调研，那么如何才能获取更可靠的情报？

1．市场调研。比如，巴菲特曾经投资美国一家糖果公司，是因为他发现不但周围的人都爱买这家公司的糖果作为圣诞礼物，自己也喜欢买。这种实实在在的需求，是公司业务有前途的基本特征。作为投资者，你可以去市场上转一转，如果某家上市公司的产品或服务存在重大缺失，你就该对这家公司的股票打个问号了。

2. 巧阅招股说明。从招股说明书中，可以获得该公司的基本信息，从中分析该公司在同行中的竞争优势、劣势，历年业绩，以及财务报告等。

3. 全面了解企业经营活动。特别是那些难以量化的东西，比如企业高管的能力水平，企业的无形资产等。

4. 当面交流。参加股东大会，与公司管理层面对面地交流、观察、质疑，这些都是重大投资过程中需要亲历亲为的功课。

信条 28：逆众而行，成功属于少数人

我看到在形成泡沫，还会冲上去买，火上浇油。那可不是脑子发昏不理智。

——乔治·索罗斯

反潮流而行之，让我心有快感。

——乔治·索罗斯

伟人从来都是孤独的，因为他们做的是与众不同的事情。如果与众相同，伟人就不是伟人，而是凡人与庸众。

索罗斯就是一位孤独的伟人。他喜欢和所谓的市场共识对着干，被视为逆向投资者。他本人并不反对这个称号，他承认：反潮流而行，让自己有快感。

但是他指出：自己在逆向投资时会非常谨慎，因为随时可能会被市场走势无情地踩在脚下。

索罗斯认为，大多数时候，趋势是好朋友。在他执笔的《走在股市曲线前面的人：索罗斯》一书中，有这样的话："只有在趋势变化的转折点出现时，追随趋势的人才会受伤。"关键就在"转折点"上。这个转折点，是凡人与庸众惨遭铁蹄的受难日，却是索罗斯们纵横围猎的狂欢日。

逆众而行，始于事先的考量

逆众而行，是索罗斯成功的方式之一。逆众而行的意思就是保持自己的独立思考，不随波逐流，超然地看待市场。这对他来说很容易，因为他具有抽象思考的头脑，也喜欢超然地看待事物，其中包括超然地审视他自己。

由于经常逆众而行，索罗斯很容易被认为是一个不要命的赌徒。对于这种误解，索罗斯解释说："我选择'逆众而行'时，并不是毫无根据地作决策，往往都是经过一番事先评估的。”

如果剔除少得可怜的股票分红，股市其实就是一个零和博弈游戏。所谓零和博弈，是指参与博弈的各方在严格竞争下，一方收益必然意味着另一方损失，博弈各方的收益和损失相加总和永远为“零”，双方不存在合作的可能。

零和博弈最明显的例子就是赌博，无论是两个人还是二十个人一起赌，有人赢必然有人输，最后输赢相加总和必然等于零。因此，像索罗斯这样的超级大鳄们在金融市场席卷来的巨额财富，绝大部分是亿万庸众“输”给他们的。

大多数参与者不可能成为最后的赢家。纵观国内外股票市场，几乎每一次市场的顶部或底部形成之前，都可以观察到投资者对市场的看法或投资行为有着高度的一致。如果以从众的心态，采取与广大投资者相同的策略，从中长期来看，输给市场是大概率事件。

因此，与众不同才是发家致富的捷径。

严格意义上的逆向投资理论，最早是由另一个与索罗斯同时代的伟大投资家——戴维·德雷曼提出来的。德雷曼认为：人性贪婪与恐惧的弱点在股市中表露无遗，投资者情绪会导致股价大幅偏离其内在价值，而利用投资者的错误反向投资，往往能获得相当丰厚的回报。

德雷曼的投资方法是在股价受到打击的时候，买入市盈率、市净率较低但分红高于平均水平的股票。德雷曼表示，成功运用其投资方法的一个关键是：不要期望你采用的策略在市场上马上就能成功，给它一个发酵的时间。

在众人趋之若鹜时能保持冷静，当大家心惊胆寒时逆流而上，这就是大师的逆向投资之道。当然，逆向投资绝不仅仅止于此。

成功的逆向投资至少需要做到以下三点。

第一，对行业或企业基本面有深入的认识。

第二，在关键的时间节点敢于挑战主流认识，做出与大部分投资者相反的决策。

第三，要有足够的持股耐心。

站在大多数人的对立面

索罗斯总是假定市场大部分时候是错的，即使他自己的假设并非无懈可击，但他还是会利用这些假设作为投资依据。

索罗斯如此解释自己的观点："我不敢说人人都应该对抗趋势，相反，趋势大部分时间都能主导大局。但若偶尔出现缺失，整个市场就会在麻木中懵然不知。而我走在指数曲线的前面，并密切关注趋势快要走不下去的征兆。然后和其他随波逐流者分道扬镳，寻找新的投资点。当我觉得趋势走过了头时，就会考虑逆流而行，但只有在市场出现转折的时候，才会获得好处。"

然而趋势是怎样产生的呢？趋势的改变又是由什么引起的呢？

索罗斯认为，市场趋势的发展在于单个投资者对市场的不完全理解，这种残缺不全的市场感觉，使得市场以他们为导向。"以他们为导向"就意味着投资者已经把自己陷入盲目狂热之中，或者陷入一种跟风从众心态，从而形成市场趋势。

由于投资者自身片面的市场感觉往往与盲目狂热相伴，所以推动着市场总是出现过头反应，并一步步走向极端。换句话说，市场趋势其实就是由参与者的偏见来左右的。

索罗斯认为，市场越是不稳定，投资者的偏见越会推动市场变得更不稳定。这样，会有越来越多的人受到市场趋势的影响。

他强调说，投资成功的关键，就是要鉴别出市场开始陷入混乱的紧要时刻，因为当你鉴别出这种紧要时刻时，你就能够知道市场的转折点即将到来，然后趁别人还在混乱之中时，冷静而从容地牟取暴利。

明知有泡沫也要买入

不要以为索罗斯每次都是力排众议，跟趋势死磕到底。那样的话，恐怕他早就葬身趋势的脚下了。有时，他也乐于加入趋势之中，跟风买入。

索罗斯毫不避讳地说：“我看到正在形成泡沫，还会冲上去买，火上浇油。”不过，他补充道：“那可不是脑子发昏不理智。”

2009 年，金价暴涨 40%。2010 年初，索罗斯公开宣称黄金是“终极资产泡沫”。很多评论家认为，索罗斯这么评价，说明他看跌黄金。

实际上，索罗斯一面“看跌”黄金，一面又如中国大妈们一样疯狂购入黄金。在金价涨到大约每盎司 1200 美元时，索罗斯还在不断地买入、买入。

在索罗斯眼里，泡沫算什么，有泡沫的啤酒更好喝。当然，必须及时出手才能喝到啤酒，否则就只剩下泡沫了。

索罗斯确实喝到了美味的啤酒。2011 年初，他抛售了持有的大部分黄金，那时距离金价突破每盎司 1900 美元见顶后的泡沫破灭还有大约 6 个月的时间。

6 个月后，形势逆转，给“中国大妈”们留下的就只有泡沫了。

从这件事可以看出，大师们的出招从来都是神鬼难测的。若是从单一的角度去片面理解与学习，恐怕不仅学不到皮毛，还会产生负作用。

信条29：第六感、想像力都是投资工具

市场参与者的思想不等于事实，但在捏造事实方面却很擅长。

——乔治·索罗斯

我操作的方式是，提出一个观点，然后在市场中去检验。当我处于劣势并且市场还在按一定方式发展时，我会非常紧张，腰背痛疼。然后，我会尽力消除这种劣势。突然之间痛疼消失，我感觉好多了。这可能就是投资家直觉所在。

——乔治·索罗斯

索罗斯的投资策略以各种假设为基础，他把预期的系列事件编成一个命题，再拿自己的命题和实际过程相比较。比较的结果可以让索罗斯得到一个标准，据以评估与修正他的假设。

索罗斯经常声称他是靠直觉来投资的。如果我们误以为直觉就是随心随欲的感觉，那就大错特错了。老猎人能够依靠直觉判断周围是否有猎物，神探在办案现场能依靠直觉推导出犯罪嫌疑人的某些特征。这些直觉是基于他们长期经验之上的本能反应，所以较为靠谱。不过，索罗斯自己也不能确定直觉在投资过程中到底有多重要，因此他对理论架构与理性推导也极为重视。

投资要有超强的想像力

一名成功的投机者，总能把事实同感觉、假设、假说区分开来，同时让自己的思想插上想像的翅膀，延伸到事实以外的领域。因此，投机者要仔细调查已经获得的信息，考虑提供给你信息的人的意图，还有其他投资者的想法，以及这些因素对市场的影响。

索罗斯办公室的大门随时为下属敞开着，公司的经理可以自由出入，同他探讨股票、期货等问题。听完某位经理的想法后，他并不着急发表自己的观点，而是建议这位经理给另外一位持相反看法的人打电话。之所以这样做，是希望他的下属不要被表象迷惑。当两个持不同意见者进行激烈讨论时，索罗斯就能再深入地思考。他总能够通过不同意见的碰撞来廓清自己的思路。

“如果你喜欢某一件事情，他会让你跟另一位不喜欢这件事情的人交流。他会对某个预计投资的股票仔细思考，你也不得不对此思考、思考、再思考。情况变化了，价格变化了，事情变化了，作为一个公司经理，对一项投资，你不得不从总体上再三思考。”阿伦·拉斐尔如此评价索罗斯。

阿伦·拉斐尔跟随索罗斯4年之久，他十分钦佩索罗斯的丰富想像力。他评价道：“他真是一个富于想像力的投资家。

索罗斯之所以这么做，是希望他的下属不要囿于某个事实而忽略了其他参与者的想法，从而造成认知上的局限，在投资中丧失主动权。索罗斯告诫下属们：“一定要培养自己的想像力，提前预见自己的想法和实际结果之间的差距，然后明确自己的投资方向。”

虽然索罗斯的很多观点并不容易被大家接受，但是事实证明他的很多观点是经得住考验的。在索罗斯看来，正是超乎寻常的想像力，使得自己能综合各种因素，提炼出独特的投机策略。他的这种非凡的想像力，使他在投机领域越飞越高。

投资者一定要记住，无论市场如何混乱，都必须充分发挥自己的想像力，这样才能找出影响市场因素的真正原因。索罗斯认为，只有“具有超凡的想像力”，才能在投资市场上自由徜徉，不被他人左右。

不要过分相信投资天赋

外界一直称索罗斯是一位投资天才。针对这一说法，索罗斯曾经解释道：“投资的确需要几分天赋，但不要过分依赖天赋，没有努力就没有天才。”

他提醒大家，虽然投资需要天赋，比如直觉、想像力等，但也不要过分相信投资天赋，不要相信股神，更不要相信投资家的指导会让你受益终生。

有些投资者将自己业绩不佳的原因归结于自己天分不足。他们认为，金融投资与美术、音乐一样，都需要艺术细胞，仅仅靠后天的付出是不行的。

事实真的如此吗？彼得·林奇是华尔街上著名的投资大师，同时也是被世人公认的天才投资家。他这样告诫投资者：“没有人生来就会投资，更没有投资天才。所谓的投资天赋和股神，只不过是他们根据自身的投资经验总结出来的适合自己操作的方法。一般的投资者如果能够付出努力和时间的话，一样可以掌握这些方法。”他认为，任何投资才能都是后天培养所得。

“双鹰基金”成立之初，索罗斯和罗杰斯订阅了近 40 份报纸和杂志，收集了世界上 1500 多家公司的财务记录。索罗斯每天都要研究约 30 份年度报告。一切对自己有价值的东西，他都不会放过。

如果没有对金融领域长久的研究和调查，索罗斯就不会有今日驰骋国际金融市场的雄风。显然这些都不是靠天赋可以得来的，而是需要切切实实的后天实践。

索罗斯常拿斯文森的例子来说明投资与天赋之间的关系。

斯文森被喻为“美国投资市场上的投资天才”。1980年，年仅27岁的斯文森拿到耶鲁大学博士学位，他来到华尔街，很快就开创出自己的一番事业。

当斯文森在华尔街的事业风风火火之时，他的母校耶鲁大学的基金投资回报率却陷入了低谷。1970年至1982年，耶鲁捐赠基金的年均净收益率仅为6.5%。后来，在各方的大力举荐下，斯文森被聘用为耶鲁大学捐赠基金的投资主管。

由于缺乏资产管理经验，斯文森雇佣了他在耶鲁大学结识的朋友作为自己的帮手。他们花了很多时间评估各种投资组合，并研究不同的投资策略。在进行了多次验证之后，斯文森将他们的投资组合理论付诸实践。

斯文森将原来投在国内股票、债券上大约四分之三的耶鲁捐赠基金做了分散投资，购买了包括公司的基金、股权、地产、建材、厂房、设备等固定资产。斯文森并不过多地投资债券和现金，他认为债券和现金只能带来低于市场平均值的回报。尽管他投资的某些项目本身具有很大的风险，但这些投资组合大大降低了波动性，提高了收益率。事实证明，斯文森的投资方案使耶鲁大学捐赠基金的收益成倍增长。

很多人将斯文森的成功归功于天赋的影响，却对他的科学投资策略视而不见。事实上，斯文森最令人震惊的举动是聘用基金管理人，这一项工作帮助他取得了非凡的成就。经过挑选和考察之后，斯文森将耶鲁大学的捐赠基金分派给 100 多个不同的经理人，包括几十只对冲基金。在这些基金经理人的努力和帮助下，他成功地实现了基金的增长、再生能力，开创了现代基金管理模式的先河。

虽然人们都把斯文森当作是投资天才，但斯文森本人坦言，他之所以取得成功，只是找到了合适的方法而已，而方法是通过无数艰辛和努力才找到的。

投资大师们之所以能创造出惊人的业绩，主要归功于他们的教育和才能。这两方面都不是与生俱来的，而是通过后天不断地努力以及不懈地坚持得来的。

每个人在投资市场上都会呈现出不同的特点，形成不同的投资方式，所以容易使人产生天赋在起作用的错觉。索罗斯认为，如果忽视本身的优点和特长，过分强调或依赖投资天赋，是一件可笑的事情。

投资者们要树立起自信，将更多的热情投入到勤奋努力之中。当你取得成功时，“投资天才”的桂冠也就随之而来了。

信条30：投资有人脉，功夫在“诗”外

作为一个市场参与者，我关心的是市场价值，即追求利润的最大化；作为一个公民，我关心的是社会价值，即人类和平、思想自由和社会正义。

——乔治·索罗斯

通过慈善活动，我终于可以摆脱孤独的境地，使我和世界连成一体。对于慈善事业，我的观点是到钱花光为止。

——乔治·索罗斯

“汝果要学诗，功夫在诗外。”陆游在晚年写了一首诗给儿子，教他写诗之道。意思是写诗的学问，在于诗外的历练。

投资这件事，也是功夫在“诗”外。

索罗斯回归犹太人身份，以及赞助的所谓“开放社会”运动，都堪称“项庄舞剑，意在沛公”。

与更聪明的犹太人合作

有一种阴谋论的说法，说希特勒曾经获得过犹太人的资助。所以在西方流传有一句谚语：“犹太人最恨的是比自己更聪明的犹太人。”但是至少索罗斯粉碎了这一流言。在与索罗斯合作的人物中，不乏聪明绝顶的犹太人，甚至还有罗斯柴尔德家族的身影。

有人说，索罗斯是金融界的“独行侠”，没有种族认同。但是索罗斯年龄越大，越在意自己的犹太人身份，这其中既有民族主义的情感，也有商业上的考量。

“我在 1947 年去了英国，后来在 1956 年又去了美国，”索罗斯写道，“但我从未在很大程度上变成一个美国人。我把匈牙利抛在了脑后，而我的犹太人属性也未使我个人的意义在一种对族群的忠诚感中得到充分表达，从而让我去支持以色列。相反，作为一个少数种族中的一员，作为一个能够察觉到问题另一面的外来人，我感到自豪。作为一个匈牙利犹太人，曾让我痛苦地感到处于危险和屈辱之中，但具备批评、思考和高屋建瓴的能力弥补了这一切。”

犹太身份对索罗斯来说曾经是一个负担，在战争中险些为此丧命。战后，索罗斯也尽量不提自己的犹太身份。

“在他长大成人的时候，这是他的认同的中心内容。身为一个犹太人的事实，意味着他不得不跑开，不得不逃避，不得不隐藏起来。当他来到美国时，犹太身份的确给他打上了框框，而索罗斯希望摆脱一切框框的束缚。他要使自己因为他本人的职业、智慧和成就而被人接纳。他不把自己和犹太事业拴在一起，但另一方面，他也不回避身为犹太人。他设定任何人都知道他是犹太人，但他不会戴上一个标志，上写‘我是犹太人’。”索罗斯的朋友曾如此评论他。

索罗斯透露，直到 1980 年代初，他才在公开场合愉快地承认自己是犹太人，在那之前，他只想回避这个话题。“也许商业上的成功，最终使我有足够的信心去承认我的犹太身份。”索罗斯说道。

有一位名叫本尼·兰达的犹太企业家，在一次晚宴上告诉索罗斯：“民族主义有一些建设性的、积极的作用，犹太复国运动尤其是一股非常积极的力量和一项有意义的事业。我希望使你走近它。”

可是索罗斯从纳粹那儿尝到了如此多的苦头，以至于他无法给民族主义以较高评价。“它只会带来邪恶、破坏、沙文主义和战争。”他回答，“我反对任何形式的民族主义。假如有可能使民族主义只保留其建设性的一面而不具有负面特点，也不会造成政治和社会方面的破坏，那么你是正确的。但是，这不可能。”

本尼·兰达并不想放弃劝说，他说：“我感到，最终使你和以色列达成感情上的一致是我的一项使命。要让你回归犹太世界。”

“这很有趣。”索罗斯模棱两可地答道。

与本尼·兰达的这次谈话，折射出的是索罗斯身上的一种深刻变化。在 1990 年代初，索罗斯的朋友和同事就开始注意到，他对于自己宗教信仰的态度有所改变，对自己的过去有了一种新的兴趣。索罗斯开始让一些熟人给他找些书，《塔木德经》也位列其中。“他变得对犹太文明感兴趣了。”道伦说道，“霎那间他认识到他不是来源于真空之中。”索罗斯的变化还通过其他方式表现了出来。

后来，在本尼·兰达的引荐下，索罗斯认识了一些犹太财阀。索罗斯基金会的成立，离不开这些犹太富商的支持。

在布加勒斯特的索罗斯基金会正式揭幕典礼上，索罗斯站在人群前面声明：“我是乔治·索罗斯。我是一个匈牙利犹太人。”

这是一种难以置信的变化，尤其是对一个 50 多岁还不愿承认自己是犹太人，还将犹太身份看作负担的人来说，这种转变虽然有点突然，但也能够理解。

政界人脉与影响力

几十年来，索罗斯在很多国家实践他的“开放社会”理念，他捐出去的慈善捐款已经超过几十亿美元，他甚至表示希望在死之前把所有的财富都捐出去。

开放社会是什么？简单而言，所谓开放社会就是自由资本主义社会。20 世纪美国政治经济学家哈耶克说过："资本主义不过是用财产的不平等取代出身的不平等。"

索罗斯到全世界搞"和平演变"，就是为了推销他"开放社会"的理念。这其实也是一种金权博弈。

不论索罗斯的开放社会理想能否实现，至少他能收获一项最重要的东西，就是在政商两界的人脉与影响力。

索罗斯以慈善为名，在很多国家建立起了良好的政商关系，例如延聘了许多退休的政府官员。不论其结果如何，对索罗斯在人脉上，对当地国情的了解上，都有极大的帮助。

不仅国外，甚至美国本土，索罗斯也不忘实现自己的政治抱负。

1996 年之前，索罗斯的捐赠对象主要是位于东欧和前苏联控制下的国家和地区，在美国本土的捐赠很少。因为美国是最接近所谓的"开放社会"定义的国家。苏联解体之后，两极世界消失，美国一强独霸，索罗斯认为政府推行的"单边主义"，已经将美国置于危险边缘，于是将批判的目光开始转向自己的国家。

"美国公益计划"就是索罗斯为解决美国社会发展中存在的经济与政治问题所作出的努力，是为实现"开放社会"进行的实践。

信条31：守口要如瓶，八风吹不动

如果你和市场打交道，你就应该默默无闻。

——乔治·索罗斯

永远不要相信市场上真的有人会奉献出自己的投资策略，只有对自己的投资策略严格保密，才能防止他人捷足先登，保证自己应得的收益。

——乔治·索罗斯

索罗斯认为，每名投资者都应具有守口如瓶的品质，做到让自己的投资密不透风。同时，也要蔑视市场流传的各种小道消息，做到“八风吹不动”，因为它们不但没有价值，甚至是有害的。

让自己的投资密不透风

索罗斯刚到美国时，曾经发现了一个能为他带来丰厚利润的投资机会，但是他却把投资策略告诉了自己的好友。正是由于这次轻信，索罗斯不但没有赚到钱，反而损失惨重。

这段经历，使索罗斯意识到保守投资机密的重要性。他告诫其他投资者说：“在投资的时候，既不能让自己的投资策略受他人影响，也不要把自己的分析和判断泄露给他人。”

索罗斯知道，在充满变数的股市中，对竞争对手的仁慈，就是对自己最大的残忍。索罗斯在每次投资时，都只有内部极少数人知道，外人根本不知道他在做什么。

凭借高超的判断力和独特的思维方式，索罗斯迅速积累起了庞大的财富。成功之后，常常会有投资者向他请教投资信息，一些投资机构也希望打探到他的投资秘诀，但索罗斯从不泄露半点，只是提醒他们去判断股票的价值。

不可否认，在实际的投资活动中，确实有许多投资者相互交流方法和策略，共同提高。但真正成熟的投资者，绝对不会犯如此低级的错误，除非他想散播消息以利用他人。

拒绝小道消息

索罗斯很认同这句名言："让一个百万富翁破产，最快的方法就是——告诉他小道消息。"

真相不可能出自知情人士之口，这是投机游戏的铁律。那些提供投资策略的人是骗子，因为一个真正投资者，是不会把自己的投资策略泄漏出去的。

索罗斯忠告投资者："自己的投资策略不要受其他人思路的影响，也不要把自己的分析和判断透露给其他投资者。"

许多投资者在做出投资决策之前，都会进行大量的资料收集工作，以便制定出最合理的投资策略。但由于现代社会的信息传播方式非常多，传播速度也非常快，各种真真假假的消息满天飞。

很多投资者相信"消息面"，到处打听各种小道消息。这会使投资者的判断发生摇摆，从而面临更大的风险。

1997 年，美国加利福尼亚大学的行为经济学家奥登在投资者研究报告中说，人们的大脑在分析问题时喜欢走捷径，喜欢寻找最后的结论，但又不太愿意自己慢慢去研究。因而对别人提供的建议或结论，会在潜意识中接纳。投资者就是这样被股评家误导和操纵的。

索罗斯认为，投资者之所以产生这种心理，是因为他们对市场缺乏足够的认识。索罗斯分析说，在实际的投资市场上，投资者由于对投资风险的无知而形成对市场的恐惧，时刻担心市场会逆转。所以面对市场上真假难辨的各种小道消息，最佳策略是“充耳不闻，八风不动”。

与索罗斯齐名的另一位投资大家巴菲特，对短期投资者有这样的忠告：没有任何一个投资者能够成功预测股市在短期内的波动走向，对股市的短期波动进行预测是一种幼稚的行为，投资者应当尽量避免运用这种投资方式。

事实上，影响股价的因素有很多：宏观的、微观的、国内的、国外的，任何一个不期而至的消息，都有可能改变市场的走势。投资是一系列分析和抉择的过程，在做每一项投资决策前，都需要投资者对产品、市场、企业、政策等制约股价走势的各方面进行考虑，这需要付出一定的时间和精力。想要在短期内做出周全的考虑，几乎是不可能的。既要频繁出入市场，又奢望能够对市场进行全面的分析，必然会掉入自己设置的泥沼里。

索罗斯告诫投资者说：“希望你不要认为自己拥有的股票仅仅是市场价格每天变动的凭证，而且遇到外界的风吹草动就成为你抛售的对象。相反，我希望你们将自己当作是公司的所有人之一。”

信条32：且行且修正，无招胜有招

投资本领很大一部分来自于自己对投资经验的分析、思考、融汇，并在其中加入自己的才智和个性，使经验真正为己所用。

——乔治·索罗斯

不知道未来会发生什么并不可怕，可怕的是不知道如果发生什么该如何应对。

——乔治·索罗斯

在市场千变万化的局势之下，教条主义是最大的敌人。说过的话和认定的事，常常是无法落实的，即所谓“计划赶不上变化”。惟有边行进边修正，才能及时灵活地适应变局。

索罗斯经营的基金，有时做多，有时放空，有时做股票，有时做债券、期货、金融衍生品。他最擅长的事情是不断推翻自己。他说自己的特长就是没有特定的投资风格，经常会通过改变来适应环境的变化。

索罗斯从不会执著于自己说过的话、认定的事，因为他深知自己也会犯错。变，是这个世界唯一不变的真理。

没有固定的投资风格

对于“怎样投资”这个问题，与其说是一种投资技巧，不如说是对市场深刻洞察后的一种反应。有人认为市场是可以理性预测的，而他们所说的预测，主要来源于科学的量化分析。因此在金融市场里，大部分人都在努力地做着数理演算，他们试图以此计算出市场未来一段时间的走势。

基于可预测的市场认识论，不少投资者都有自己的特定投资风格。他们认为，投资是理性预测的结果，而预测则是科学计算的结果。

和大多数投资者的一成不变不同，索罗斯的投资风格是设法改变自己的风格，以此去适应各种状况。他不靠精确计算来决定投资，他靠最难把握的市场转折点和市场缺陷来赚钱。针对不同的市场情况来调整投机方式，这是索罗斯的制胜法宝。

基于对所谓市场理性预测的怀疑态度，对投资者心理偏见的洞悉，索罗斯总是在传统教条之外寻求更加灵活、更加广阔的投资市场。他认为，投资金融市场的关键在于把握住转折点。即任何一个市场，都会在投资者的偏见作用下使价格与价值偏离，直到发展成人们无法接受的不合理价格。但是在偏见引导下的投资者，并不一定都是失败者，只有那些没有及时认清事实的投资者，才会在市场的崩溃下破财。

不完全依赖过去的投资经验

经验来自总结，那些所谓的成功经验和失败经验，来源都是如此。多数投资者都愿意吸取别人的经验，为自己所用，他们谈论最多的也是别人的投资经验。

那些在投资市场获得较大利润的投资者，往往被奉为神明，受人顶礼膜拜。最后，连“神明”自己都觉得好笑。事实上，股市中常常会出现这样一种现象：你拿别人成功的经验去投资，却并不能成功。这是什么原因造成的呢？

仔细研究会发现，大家都去遵循的经验，一般会被庄家反向利用来进行有目的的操控。最后吃亏的，还是这些所谓运用“经验”的投资者。

此外，对于同一经验来说，为什么对有些人有效，而对另外一些人却无效，甚至是有害呢？

索罗斯解释说，除了投资经验之外，每个投资人的特点各有不同。对于每一项投资，只有当事人的体会才最为深刻，那是一种亲身的体验。由于投资特点和策略细节不一致，哪怕是失败，其中的教训也是与众不同的，因此这个人的投资经验未必适合别的投资者。这就要求投资者不能够盲目信奉所谓的经验，要理智看待，化为已用。“化”，是消化的意思。

即使是自己亲自总结的经验，同样也会出现问题，因为事情的前提也会发生变化。就像不同时间看到的同一样物品，因为光线的不同，会表现出不同的颜色。很多变化是无法准确把握的。它们有些是超越经验之外的因素，正是这些因素削弱了经验的价值。

索罗斯认为经验并不是万能的。一味地迷信经验，会给投资者带来巨大的损失。索罗斯就曾经因为过分依赖经验而吃过大亏。

1994 年初，索罗斯根据自己对市场的判断，凭借自己对投资市场的了解和以往的经验，得出德国的利率会下降的结论。早在 1985 年，索罗斯就因预测德国马克与日元升值，通过做多马克与日元而大赚 1.5 亿美元。他认为这次会重演历史的一幕。在当时，索罗斯认为条件已经成熟，于是采取了大肆卖空德国马克的行动。在那一时期，无论是国际经济形势，还是德国的经济与金融形势，索罗斯都认为德国降低利率将是一种必然。

但是事情没有按照索罗斯的预测发展下去，结果导致他遭受了 6 亿美元的巨额亏损。

很显然，这虽然是依据索罗斯自己过往的经验，但也并非完全可靠。这次失败后，索罗斯深刻明白了不能过分依靠经验去做投资。

索罗斯了解投资经验的缺陷性，但同时也了解投资经验的价值所在。为此，他常常在日记中记录自己的投资经验，并从中吸取教训。

很明显，索罗斯大多数的投资技巧和理论，都来自于自己多年来的投资经验总结。这些经验加上他理性的思考，最终形成独有的投资风格，使他在投资市场的浪潮中赢多输少，总体上保持了长期持续的高收益状态。

索罗斯也根据自己的投资体会，写下了《金融炼金术》一书。在其著作中，他把自己投资经历中的经验、教训以及心得，逐一加以分析和整理。可惜的是，这本在我国销售过 10 万册的《金融炼金术》，因为文字晦涩难懂，看得下去的人少之又少，读懂的更是凤毛麟角。

附录：索罗斯大事年表

· 1930年，出生于匈牙利布达佩斯。

· 1944年，纳粹入侵布达佩斯，索罗斯全家躲过劫难。

· 1947年，前往伦敦寻求发展。

· 1949年，进入伦敦政治经济学院学习，受英国哲学家卡尔·波普尔影响。

· 1953年，毕业后开始金融投资生涯，随后成为一名套利交易员。

· 1959年，转投经营海外业务的公司，并成功预测了德国安联保险公司的股票升值。

· 1963年，开始为霍德·布雷彻尔德公司效力，并在1967年凭借擅长经营外国证券的才能晋升公司研究部主管。

· 1969年，与罗杰斯合伙成立双鹰基金，资本额为400万美元。

· 1973年，双鹰基金更名为索罗斯基金，资本额约为1200万美元。

· 1979年，公司更名为量子基金。

· 1980年，量子基金增长102.6%，同年罗杰斯离开公司。

· 1981年，因误判美国公债市场行情而遭遇量子基金首次大亏损，量子基金规模下跌了22.9%。

· 1982 年，索罗斯成功预测里根政府领导下的美国经济繁荣，到该年年底，量子基金上涨了 56.9%。

· 1985 年 9 月，因成功预测德国马克和日元即将升值，美元贬值，通过做多马克和日元，总计赚了约 1.5 亿美元，量子基金在华尔街名声大噪。

· 1987 年，因误判日本证券市场即将崩溃，将资金转移到华尔街，损失了 6.5 亿 ~ 8 亿美元。

· 1992 年，抓住英镑无法维持高汇率的时机，成功狙击英镑，获利超过 10 亿美元，基金规模增长 67.5%，一跃成为世界闻名的投资大师。

· 1994 年，因卖空马克和日元损失 6 亿美元。

· 1993 年，因看到东南亚经济繁荣掩盖下的金融管制漏洞，对泰国泰铢发起攻击，未获成功。

· 1997 年，成功狙击泰国泰铢，随后扫荡东南亚各国金融市场，引爆了东南亚金融危机。

· 1998 年，进攻港币失败。随后出资 9.8 亿美元，协助一位财团寡头完成了对俄罗斯国家电信公司 25% 股权的收购，但遭到寡头欺诈，遭受重大损失。

· 2000 年，纳斯达克崩盘，量子基金因损失 30 亿美元而宣告关闭。

· 2001 年，成立“量子捐助基金”，基金主要从事低风险、低回报的套利交易。

· 2003 年 11 月，量子捐助基金驻俄办公室被勒令关闭。

· 2007 年，量子捐助基金实现了 32% 的回报率。

· 2008年，量子捐助基金大举买进雷曼兄弟，雷曼兄弟破产给基金带来的损失大约为1.2亿美元。该年量子捐助基金回报率将近10%。

· 2009年，索罗斯联合其他6家对冲基金，以139亿美元的价格共同收购了IndyMac银行，获得了超过1600亿美元的银行信贷、投资等资产。

· 2010年，量子捐助基金获得了30多亿美元的投资收益，再度跻身全球盈利最高的对冲基金行列。

· 2011年，为了规避多德弗兰克法案的审查，量子捐助基金对外部客户关闭，并向他们返还资金。此后，量子捐助基金专门为索罗斯及其家族管理资产，不再受美国金融监管机构的监管。

· 2012年底，量子捐助基金通过做空日元赚了约10亿美元。

· 2013年，量子捐助基金赚了55亿美元，这使得该基金连续两年创下优异战绩，并使其重回史上最成功的对冲基金行列。